De la dictature financière
à la démocratie monétaire

Questions contemporaines

Collection dirigée par B. Péquignot, D. Rolland et Jean-Paul Chagnollaud

Chômage, exclusion, globalisation… Jamais les « questions contemporaines » n'ont été aussi nombreuses et aussi complexes à appréhender. Le pari de la collection « Questions contemporaines » est d'offrir un espace de réflexion et de débat à tous ceux, chercheurs, militants ou praticiens, qui osent penser autrement, exprimer des idées neuves et ouvrir de nouvelles pistes à la réflexion collective.

Dernières parutions

Koffi Martin YAO, *Famille entre Contradiction et Espérance, Situation contemporaine de la famille en Europe*, 2016.
Jean-François SIMONIN, *Anticiper a l'ère de l'anthropocène,* 2016
Stéphane CALANDRA, *Les natures des Calanques. Représentation de la nature dans les Calanque*s, 2016
Luc DAUDONNET, Max MEMMI, *Pour un nouvel humanisme. Cette France dont nous rêvons*, 2016
Roger BENJAMIN, *La gauche, une notion incertaine ; le socialisme, un idéal dévoyé*, 2016.
Elysée SARIN, *Un demi-siècle de syndicalisme en France suivi de La voie judiciaire. État des lieux*, 2016.
Hervé PIERRE, *Le Désenchantement américain, de l'aube républicaine au crépuscule impérial, la fin du mythe,* 2016
Jean-Michel TOULOUSE, *Que faire pour changer la société capitaliste ?*, 2016
Roger EVANO, La démocratie face au défi de l'islamisme, 2016.
András István TÜRKE, *La géopolitique des premières missions de l'Union européenne en Afrique, nouvelle édition,* 2016.
Yves LE DUC, *La valeur des diplômes*, 2016.

André Peters

De la dictature financière à la démocratie monétaire

L'Harmattan

5-7, rue de l'École-Polytechnique ; 75005 Paris

www.harmattan.com
diffusion.harmattan@wanadoo.fr

ISBN : 978-2-343-09368-0
EAN : 9782343093680

A toutes celles et ceux qui m'ont porté, soutenu, encouragé et qui ont contribué à faire de moi ce que je suis aujourd'hui. Elles et ils se reconnaîtront.

A Elise et Pauline, mes filles.

Avertissement

Les opinions exprimées dans ce livre sont strictement personnelles. Elles ne reflètent pas nécessairement celles de l'institution financière dans laquelle l'auteur exerce son activité principale.

Introduction

Vous pensez que la monnaie :

- est mise en circulation par la Banque centrale européenne ou par les Banques nationales ?
- est garantie par un stock d'or ou d'autres matières précieuses ?
- est une sorte de bien commun mis au service de l'intérêt général ?

Vous avez répondu « Oui » à une seule de ces questions ? La bonne réponse est pourtant « Non » à toutes ces questions ! Les mécanismes de la création monétaire et du système bancaire vous sont inconnus ? Sachez qu'Henry Ford disait « *Si la population comprenait le système bancaire, je crois qu'il y aurait une révolution avant demain matin* ». C'est cette idée *« comprendre d'abord, changer ensuite* » qui a guidé la rédaction de ce livre.

Un but pédagogique

La première partie de ce livre vous permettra de faire connaissance avec les mécanismes monétaires. Nous commencerons par redécouvrir l'histoire de la monnaie depuis l'antiquité à nos jours et nous verrons comment chaque période historique, chaque culture, chaque civilisation se caractérise par un système monétaire particulier. La thèse défendue ici est que le système monétaire façonne largement la société dans laquelle il est utilisé. Nous verrons qui émet la monnaie et comment. A l'aide d'exemples, nous verrons comment la monnaie et le crédit favorisent le développement économique mais nous verrons aussi le revers de la médaille, la manière dont la finance s'impose à tous, impose ses normes, façonne notre mode de vie, étouffe les Etats et provoque les crises économiques et financières. Nous constaterons aussi que les dérèglements climatiques sont une conséquence d'un système monétaire qui dope sans cesse l'économie en imposant une croissance économique perpétuelle. Enfin, nous conclurons que la finance est une forme de dictature invisible sur nos vies et que la démocratie monétaire peut s'y opposer.

Un but politique

La deuxième partie du livre présente différentes alternatives monétaires imaginées par différents auteurs. L'objectif poursuivi est de vous permettre de vous forger votre propre opinion sans devoir devenir un spécialiste de la monnaie. Nous verrons que de nombreux auteurs ont imaginé et, parfois, mis en place d'autres systèmes monétaires conçus pour la poursuite de l'intérêt général, qui favorisent le développement économique et la cohésion sociale, qui permettent de financer des services publics et l'incontournable transition écologique de l'humanité. Parmi ces auteurs, il est des économistes, des hommes d'affaires, des gestionnaires du bien public et des associations de citoyens. Des solutions existent. Elles n'ont pas encore trouvé suffisamment de supporters, faute d'un public suffisamment informé.

Le système monétaire et financier façonne notre société. Qui maîtrise l'émission de la monnaie maîtrise la société. C'est un enjeu démocratique fondamental.

Pourtant, personne ne nous a jamais demandé notre avis sur la façon dont notre système monétaire doit fonctionner. Depuis l'antiquité, on présente la monnaie comme un élément naturel, neutre sur nos vies. Pourtant elle est une invention de l'homme et un enjeu de pouvoir qui détermine notre façon de vivre. En comprenant mieux le système monétaire, en comparant des systèmes monétaires alternatifs ou complémentaires, vous commencez à choisir, vous-même, votre société et votre mode de vie. C'est le chemin que propose ce livre, pour passer

« **De la dictature financière à la démocratie monétaire** ».

Première partie : L'analyse

1. Petite histoire de la monnaie et des sociétés

Commençons par un survol de l'histoire de la monnaie. Le but ici est de se rendre compte qu'au cours du temps, il a existé différentes formes de monnaies. Cela nous permettra de voir qu'il existe un lien fort entre l'organisation d'une société et l'organisation monétaire qu'elle adopte. La thèse que je défends ici, à l'encontre des thèses économiques dominantes, est que la monnaie telle qu'elle est définie par son émetteur et acceptée par ses utilisateurs n'est pas neutre sur l'organisation de la société humaine. La monnaie façonne la société dans laquelle elle circule. Entre une société qui échange des biens en utilisant des grains de blé, une autre qui recourt à l'esclavage pour extraire de l'or de la terre en vue d'en faire des pièces de monnaie et une troisième où les personnes utilisent une monnaie totalement dématérialisée et électronique, il y a un monde de différences. Alors, voyons ensemble comment la monnaie façonne la société qui l'a créée. Mais avant ça, tordons le cou à la fable du troc.

La fable du troc

De nombreux livres d'économie nous présentent l'introduction de la monnaie comme une succession logique du troc. Avant la monnaie, il y aurait eu le troc. Celui qui désirait des nouvelles sandales et avait une vache devait trouver quelqu'un qui vendait des sandales et qui était intéressé par une vache. Et ces livres concluent que, quand même, le troc, c'était difficile et que la monnaie, c'est mieux, bien plus simple et beaucoup plus efficace. Voilà, l'analyse est terminée. Jamais aucun de ces livres n'a expliqué comment des cultures différentes seraient passées du troc à l'utilisation de la monnaie. En réalité, ça ne les intéresse pas de comprendre. En réalité, le troc n'a jamais été qu'un moyen très marginal de faire du commerce. Comme il l'est aujourd'hui d'ailleurs ! D'après ce qu'on en sait, il ne devait être pratiqué que par des tribus nomades au hasard de leurs rencontres. Les cultures sédentaires, elles, ont inventé d'autres moyens. Alors, écoutons ce que les historiens et les anthropologues nous disent lorsqu'ils parlent de l'histoire de la monnaie.

L'antiquité

Dans la plus haute antiquité, dans les civilisations agricoles comme Babylone, Sumer, l'Assyrie, l'Egypte et, de manière générale, dans le bassin méditerranéen, l'orge et le blé étaient des matières précieuses. Les céréales étaient l'assurance vie de l'époque. Qui en avait ne mourait pas de faim. La récolte est le sujet de préoccupation principal. Les céréales sont nourrissantes, riches en énergie, peuvent être conservées pendant toute l'année, être stockées et transportées. Elles forment la base de l'alimentation, le moyen de subsistance fondamental. C'est dire si elles ont une valeur élevée. Il n'est, dès lors, pas étonnant, qu'elles servaient comme unité monétaire et d'intermédiaire dans les échanges. Pour une vache, tu me donnes autant de kilos de grains et pour des sandales, je te donne autant de kilos de grains. Les céréales forment une unité de mesure commode. Tout le monde connaît le temps et les efforts qu'il faut faire pour obtenir un kilo de grains.

Pour garantir leur conservation, les céréales étaient déposées dans des entrepôts et faisaient l'objet d'un reçu de dépôt de grains sur tablette, papyrus ou autre support. Rappelons-nous ces hiéroglyphes représentant des scribes égyptiens qui enregistraient l'entrée des graines dans les réserves des temples. Les reçus émis pouvaient alors être utilisés comme moyen de paiement dans des échanges commerciaux qui couvraient parfois tout le bassin méditerranéen. Leurs détenteurs pouvaient venir récupérer leurs grains au moment où ils en avaient besoin en retournant le reçu. Dès l'antiquité, donc, on a inventé les dépôts et émis des sortes de chèques garantis.

Chaque personne détenait son propre pouvoir monétaire puisque chacun pouvait produire sa propre monnaie à partir de grains, de terre, d'eau et de travail. La constitution de grandes fortunes était impossible avec cette « monnaie », puisqu'elle était totalement périssable !

Que retenir sur la monnaie dans l'antiquité ?

Retenons que le troc n'a jamais vraiment été un moyen de faire du commerce. Il était utilisé de manière très marginale. Retenons que dans les sociétés sédentarisées, grâce à l'agriculture, les céréales, garanties de vie, ont constitué la première vraie monnaie permettant des échanges commerciaux. Que très rapidement, l'humanité a inventé des « banques » de dépôt de grains. Grâce à l'écriture, ces banques émettaient des « documents » que l'on pourrait assimiler à des « certificats de dépôt » qui étaient utilisés dans des transactions commerciales.

Rome, la Grèce et la Perse

Ensuite sont apparues les pièces, en cuivre, argent et en or, entre 800 et 500 av. J.-C., simultanément en Chine, en Inde et autour de la mer Egée. Ce sont les souverains qui les émettent, qui en fixent le poids et la taille en vue d'en faire un instrument de mesure standardisé. Ils y apposent leur effigie afin d'en faire le symbole de leur puissance. Enfin, ils imposent le cours légal de la monnaie en vue d'en garantir l'acceptation par tous comme moyen de paiement. D'un point de vue pratique, on voit immédiatement l'avantage des pièces par rapport aux céréales. Elles sont légères, anonymes, inusables et non périssables. Elles constituent donc une réserve de valeur idéale puisque la valeur des pièces reçues aujourd'hui sera la même dans le futur. Leur accumulation (thésaurisation) permet la constitution d'une épargne et la constitution de fortunes.

Elles sont idéales pour rémunérer une armée permanente et recruter des mercenaires. C'est d'ailleurs par eux que la monnaie est mise en circulation. Le soldat reçoit sa solde sous une forme légère qu'il peut emmener au combat sans être gêné. Il est rassuré par rapport à la valeur de ses pièces puisque le souverain en garantit la valeur et l'acceptation comme moyen de paiement. Lorsqu'il arrêtera de se battre, il est sûr de pouvoir dépenser son magot. Le soldat s'en satisfait donc pleinement. D'autant que, avantage supplémentaire, sur le champ de bataille, il peut voler le magot des ennemis ainsi que celui de ses camarades décédés au combat. L'anonymat de la pièce lui garantit l'impunité.

A côté de son armée, le souverain rémunère aussi son administration et offre des avantages aux personnes qui le défendent et défendent ses intérêts, les nobles et autres courtisans.

Pour les autres catégories de personnes, le souverain a dû imposer le cours légal de la monnaie qui oblige les citoyens à accepter les pièces en paiement des marchandises. Pour imposer facilement le cours légal, les souverains ont levé des impôts et des taxes qui ne pouvaient être payés qu'en pièces de monnaie. Les agriculteurs et les commerçants se sont vus alors obligés de livrer des fournitures à l'armée, à l'administration et à la noblesse en échange des pièces de monnaie nécessaires au paiement de l'impôt. Chacun devait à présent gagner son argent. La boucle était ainsi bouclée. Le souverain mettait la monnaie en circulation en rémunérant son armée et la récupérait par l'impôt. La circulation monétaire était mise en place et le souverain, en contrôlant la circulation monétaire pouvait asseoir son pouvoir sur la société.

L'inconvénient de cette organisation, « le revers de la médaille », si je peux me permettre cette expression, est que le souverain a toujours besoin d'or pour entretenir son armée, son administration et sa cour. Bien sûr, l'impôt était une source de financement mais le souverain ne pouvait pas reprendre par l'impôt l'intégralité des pièces mises en circulation, d'autant que la population désirait les thésauriser afin de « s'enrichir ». Il fallait donc toujours trouver de nouvelles sources d'approvisionnement en or ou en argent. Et, à l'inverse des grains de céréales, le métal ne repousse pas chaque année. Le commerce, la conquête de nouveaux territoires, l'expansion territoriale et le pillage de populations étrangères étaient largement justifiés par la nécessité de renouveler le stock de métaux précieux, par la « soif de l'or ». Cette quête de l'or a été facilitée par le fait qu'une armée permanente bien entraînée est avantagée sur le plan militaire par rapport aux sociétés traditionnelles où les soldats étaient des agriculteurs détournés de leurs champs. Cet avantage militaire constitue probablement l'origine de la réussite de l'expansion territoriale et de la création des vastes empires de Rome, de la Grèce ou de la Perse. Pour survivre, ces empires devaient croître et faire en sorte que les populations envahies fournissent un tribut en or soit en les pillant, soit en les réduisant en esclavage pour exploiter des mines.

Que retenir sur les civilisations antiques connaissant la pièce de monnaie ?

Quel contraste saisissant entre les cultures utilisant une monnaie agricole renouvelable, d'une part, et les cultures utilisant une monnaie minérale non renouvelable, d'autre part. L'utilisation de pièces de monnaie est le fait de sociétés hiérarchisées, militarisées, expansionnistes et esclavagistes où s'expriment la domination d'un groupe social sur les autres et d'un territoire sur les autres. La pièce de monnaie, le cours légal et l'impôt induisent la nécessité pour tous de s'intégrer à la circulation monétaire afin de « gagner son argent ». Par conséquent, les agriculteurs ont été incités à produire des surplus agricoles qu'ils pouvaient revendre pour acquérir la monnaie nécessaire au paiement de l'impôt. Et ces surplus ont permis le développement du commerce grâce aux livraisons aux armées et aux administrations mais également grâce aux exportations. L'introduction de la monnaie a alors favorisé le développement d'une société basée sur la répartition des rôles et la division du travail entre la noblesse, les soldats, les paysans, les commerçants et le clergé.

La domination militaire des civilisations à monnaie et leurs invasions se sont traduites par la diffusion des cultures et des langues des envahisseurs au détriment des cultures et langues locales qui ont disparu. Le plus bel exemple en est la diffusion des cultures grecques et latines. Cette dernière s'est imposée dans nos régions au détriment de la culture celte.

Si tout le monde est relativement d'accord pour reconnaître un rôle positif de la monnaie dans le développement du commerce, peu de gens perçoivent la monnaie comme un outil de coercition et de domination. Domination d'une population obligée de « gagner son argent » ; domination sur des territoires extérieurs en vue de s'accaparer ses métaux précieux, domination sur les populations extérieures parfois réduites à l'esclavage pour exploiter des mines et, enfin, domination culturelle et linguistique.

Le moyen-âge

Le moyen-âge est une époque qui se caractérise par un faible usage de la monnaie. Les stocks de matières précieuses sont thésaurisés par les églises et les monastères ce qui empêche la circulation monétaire et donc entrave le commerce. Pour les transactions quotidiennes, les gens des communautés villageoises se font crédit mutuellement en enregistrant les dettes des uns aux autres sur des bâtons de taille ou dans des livres. Parfois des jetons symboliques, sans métaux précieux, sont utilisés comme moyen de paiement local. C'est une époque d'économie locale, agraire et les rares échanges à longue distance se faisaient soit à l'aide de métaux précieux soit à l'aide de chèques garantis par des dépôts physiques d'or et d'argent. L'église catholique réprouvait l'usure (le prêt à intérêt) et toute forme de profit. C'est ainsi que de nombreux ordres monastiques prônant la pauvreté sont nés et que les métiers d'argent, liés au prêt, sont confiés à des parias de la société, juifs ou lombards dont les rois et les puissants se servent allègrement lorsqu'ils ont besoin de crédit et qu'ils trucident ou livrent à la vindicte populaire lorsqu'ils veulent se défaire de quelque charge d'intérêt devenue trop lourde.

Ce n'est qu'à partir de 1500 que le prêt à intérêt modéré a été admis et que des législations de protection des emprunteurs contre les usuriers apparaissent. A l'époque des grandes épidémies de peste et de choléra qui dépeuplaient les pays, les nouvelles règles financières ont permis le développement d'une paysannerie libérée du servage. Devant leurs propriétés complètement désertées et devant le risque de pauvreté que cela entraînait pour eux, certains nobles ont accepté que des serfs fuyants leur maître s'installent comme paysan libre sur leur terre afin de les exploiter en vue d'en tirer un revenu. Ce mouvement de libération a contribué à l'essor d'une agriculture de marché.

C'est également au moyen-âge, en 1250 exactement, qu'une réforme juridique fondamentale est instaurée. Le droit canon introduit le concept de « personne fictive » qui peut agir comme un être humain et détenir des propriétés. Ce concept a, avant tout, été créé pour protéger les possessions des monastères et de l'église de manière à éviter qu'elles puissent être cédées ou vendues ou qu'elles fassent l'objet de contestations dans des successions. Les monastères ont ainsi formé les premières grandes compagnies qui étaient propriétaires de leurs terres, produisaient des produits agricoles, les transformaient et les commercialisaient. Ce même concept a ensuite été utilisé par les corporations de marchands et d'artisans qui se sont organisés autour de leur métier en vue de défendre les intérêts de leurs membres en organisant des situations de monopoles et de rentes dans leur secteur d'activités.

Ultérieurement, ce concept de « personne fictive » sera le fondement juridique des entreprises qui auront dorénavant une vie propre indépendante de celle de leur créateur. Ce sont ces êtres fictifs, assurant la pérennité de l'entreprise, qui permettront au capitalisme de se développer. Aujourd'hui, ces êtres s'appellent S.A., S.P.R.L., S.N.C., A.S.B.L., etc.

Que retenir sur la monnaie au moyen-âge ?

Dans un premier temps, on constate, qu'au moyen-âge, l'absence d'un système monétaire efficace, dû à la thésaurisation des métaux précieux, et la réprobation morale du profit ont pour effet de ralentir le commerce et l'agriculture. La production ne vise que la livraison locale et la production de surplus est abandonnée. La taille des entités politiques diminue, les grands empires disparaissent et la société repose essentiellement sur l'échelle locale, le duché, le comté ou la principauté. Dans un second temps, apparaît une conjonction de facteurs favorables au développement de la paysannerie libre et au développement économique :

a) la libération (encadrée) des conditions de crédit,
b) un contexte démographique qui offrait aux serfs un rapport de force permettant leur libération et,
c) *la mise en place d'un environnement juridique adéquat avec l'invention de la personne fictive qui a permis le développement de grandes compagnies et corporations favorisant la production et la commercialisation de produits.*

XVIème et XVIIème siècles

C'est seulement à partir du XVIème siècle que le capitalisme se développe grâce à l'or et l'argent importés du nouveau monde et extraits de la terre par des populations indiennes réduites en esclavage. C'est l'époque de la disparition progressive de la structure féodale et de la formation des monarchies absolues régnant sur des Etats préfigurant les Etats actuels. La monnaie est alors frappée par les hôtels des monnaies détenus par les Souverains. Les détenteurs y apportent leur or à la frappe. Par cette frappe, le Souverain n'est pas le réel émetteur de la pièce, il en est le garant en ce qui concerne la taille et l'aloi (sa teneur en or). C'est de là que provient l'expression « une pièce de bon aloi ». En échange de ce travail de frappe, le Souverain prélevait une partie de l'or sous forme de commission ou de taxe appelée « droit de seigneuriage ».

Au XVIème siècle, avec le mercantilisme et le colbertisme, débute la réflexion économique fondatrice de la science économique. Selon ces doctrines, le rôle de l'Etat dans l'économie est primordial, il doit la développer, faire en sorte que les industries naissantes soient compétitives, s'assurer que les exportations soient supérieures aux importations de manière à obtenir une balance des paiements positive et ainsi de pouvoir acquérir de l'or. Pour le mercantilisme, c'est la détention d'or qui fait la richesse d'une nation.

A partir de cette époque, le paiement à l'aide de pièces se généralise, les systèmes de crédit mutuel entre villageois disparaissent progressivement au profit exclusif des paiements monétaires. La nature des rapports humains en est changée, la solidarité communautaire traditionnelle disparaît au profit de relations commerciales et d'intérêts dominées par l'argent. Autant, dans le crédit mutuel, la dette oblige les parties à maintenir une relation dans le temps, autant le paiement par une pièce de monnaie met immédiatement fin à la dette et donc à la nécessité de maintenir la relation suivie.

L'inflation causée par les importations d'or d'Amérique ainsi que l'appropriation privée, par clôture (appelé « enclosure »), des pâturages et forêts communaux dévolus à l'usage collectif dégradent les conditions de vie des paysans libres qui, expulsés de leur terre, deviennent des travailleurs prolétaires sans attache, n'ayant que leur travail à offrir contre rémunération.

Le développement de la monnaie fiduciaire

Parallèlement à l'afflux d'or et d'argent se développe la « monnaie fiduciaire » (du latin fiducia, la confiance). Il s'agit de certificats remis par les banquiers aux déposants au moment où ils déposent leur or. Ces certificats, adossés à de l'or, étaient alors utilisés comme moyen de paiement dans des transactions commerciales. Ils pouvaient ensuite être remis dans différentes banques partout à travers l'Europe pour récupérer de l'or. Ces banques, fonctionnant en réseau de confiance, s'arrangeaient, ensuite, entre elles, pour compenser les soldes des dépôts et restitutions d'or. Bien sûr, comme aujourd'hui, ces services de dépôtsrestitutions d'or faisaient l'objet d'une rémunération sous forme de commission ou de frais de garde.

Très rapidement, les banquiers se sont rendu compte que les clients ne venaient pas rechercher leur or. En définitive, ces derniers trouvaient plus pratique d'utiliser les certificats de dépôts comme moyen de paiement plutôt que de venir rechercher leur or pour le redéposer ultérieurement. Puisque les banquiers avaient toujours de l'or en stock, ils furent rapidement tentés d'émettre un surplus de certificats. C'est ce qu'ils firent et c'est ce que nous identifions comme l'origine de la « monnaie-crédit »[1]. Le banquier émet de nouveaux certificats en fonction des crédits qu'il accorde. Pour garantir son crédit, puisque l'emprunteur ne dépose pas d'or, le banquier demande à l'emprunteur de mettre quelque chose d'autre en gage (une propriété, une maison, des terrains agricoles, etc.).

Le métier de banquier prend alors sa forme moderne. Le banquier doit, à tout instant, garder un stock d'or en réserve de manière à pouvoir répondre aux demandes de remboursement, en espérant que tous les déposants ne viendront pas rechercher leur or en même temps. De cette façon, il assure la liquidité de la banque. Dans le même temps, il accorde des crédits en émettant des billets qui sont couverts par des garanties non liquides. Ces prêts sont porteurs d'intérêts qui assureront la rentabilité de la

---

[1] D'aucuns parlent aussi de « monnaie-dette ». Les deux termes sont équivalents.

banque. Depuis lors, cette gestion du rapport entre la détention de monnaie liquide (critère de liquidité) et le volume de prêts et d'investissements associé au risque que représente chaque crédit (critère de rentabilité) est devenue l'essence même du métier de banquier.

A la fin du XVIIème siècle, la Banque d'Angleterre[2], préfiguration de la Banque centrale moderne, a été constituée par une union de commerçants. Son premier objet a été d'octroyer un prêt au Roi Guillaume III pour financer la guerre contre la France. En échange de ce prêt, la Banque a reçu le privilège d'émettre des billets qui représentaient des fractions de cette dette et qui pouvaient servir de moyen de paiement. Le billet était, en quelque sorte, garanti par l'Etat et ses revenus futurs mis en gage auprès de la Banque d'Angleterre. L'innovation financière que consiste la création d'une Banque centrale a été comparée par certains à l'invention de la roue. Rien de moins ! Parce que sa capacité d'émission monétaire n'est plus liée à la détention d'or mais bien à l'anticipation de revenus futurs, la Banque d'Angleterre permet au pays de financer, notamment par l'intermédiaire des compagnies des Indes, une expansion économique fulgurante qui transformera progressivement l'Angleterre en une puissance industrielle de premier plan et à la fondation d'un empire colonial couvrant tout le globe terrestre.

---

[2] On utilise le mot « banque » pour désigner les intermédiaires financiers qui reçoivent des dépôts et accordent des crédits comme les banques commerciales privées ou publiques et les caisses d'épargne alors qu'on utilise le mot « Banque » (avec une majuscule) pour désigner la Banque centrale d'un pays ou d'une zone monétaire.

Que retenir sur les XVIème et XVIIème siècles ?

Le XVIème siècle voit l'Europe sortir du moyen-âge et des structures féodales. Les structures des Etats modernes se mettent en place. L'or du nouveau monde, produit par des populations réduites en esclavage, modifie les structures de l'économie, le commerce est relancé et les paiements sont réalisés avec des pièces de monnaie.

La conception libérale du monde va progresser et les bases de la science économique se mettent en place. Les représentations de l'homme vont vers l'individu isolé, rationnel favorisant son propre intérêt en offrant et achetant des marchandises et des services sur un vaste marché libre contre paiement par des pièces de monnaie. Les prix s'adaptent sur le marché en fonction des intérêts des uns et des autres, de l'offre et de la demande. Il s'agit d'une vision individualiste de la société.

On retiendra que le développement du prolétariat en Europe est parallèle et lié au développement de l'esclavage en Amérique. Il s'agit de deux formes différentes mais complémentaires de la domination de la population par la puissance économique.

Avec l'émission fiduciaire, l'émission de certificats et de billets adossés à de l'or, aux revenus de l'Etat ou garantis par des propriétés de l'emprunteur, on met en place un tout nouveau mécanisme monétaire. Il s'agit de la « monnaie-crédit » qui prend la forme de papier-monnaie basé sur un gage. Très rapidement, par la multiplication de l'émission monétaire au-delà du stock d'or initial, on se rendra compte que le crédit augmente considérablement le niveau d'efficacité de la monnaie, qu'il est un multiplicateur de la base monétaire et qu'il favorise le développement industriel et commercial.

Les banquiers et la finance commencent à jouer un rôle qui deviendra central dans l'économie. Les banques émettent de la monnaie, ce n'est plus le souverain qui l'émet. Au contraire, ce dernier doit souvent en emprunter aux banquiers pour financer ses projets. C'est dire si la finance commence à prendre de l'importance dans la décision politique. Le souverain doit tenir compte de l'avis de banquiers pour financer chaque projet, fût-il militaire. Les banques s'organisent en réseaux de confiance, souvent familiaux d'ailleurs, de manière à, d'une part, favoriser les paiements à distance et, d'autre part, à faire circuler les informations politiques et économiques entre elles. La confiance qui les lie est une condition indispensable au bon déroulement du commerce à distance. La perte de confiance entre les membres des réseaux bancaires entraîne les crises financières.

Les objectifs des banquiers sont très différents de ceux des Souverains. Leur but essentiel est d'accorder des crédits pour financer des projets dont ils attendent des dividendes. Et, pour ce faire, ils mutualisent les risques via des souscriptions publiques, investissent les dépôts qui leur sont confiés et créent de la monnaie. Ils se préoccupent donc prioritairement du développement du commerce et de l'industrie en vue d'acquérir de nouveaux revenus. Ce sont ces conceptions qui progressivement vont former le socle de la société libérale des XVIIIème et XIXème siècle.

On remarquera enfin que l'essence même du métier de banquier l'oblige à chercher une certaine rentabilité. Il faut toujours garder ce fait à l'esprit lorsqu'on entend des débats sur la finance éthique.

Du XVIIIème siècle à 1971

L'émission de monnaie fiduciaire repose donc sur une appréciation statistique, sur la probabilité que tous les déposants ne viennent pas reprendre leur or en même temps. Tout l'art du banquier consiste alors à conserver une haute réputation afin d'éviter les demandes de remboursement. Pour cela, il doit conserver suffisamment d'or à tout instant pour pouvoir faire face aux remboursements et, dans le même temps, il doit prêter ses excédents à bon escient de manière à pouvoir faire des bénéfices. Aujourd'hui encore, le fondement du métier de banquier est celui-là, trouver le bon équilibre entre la liquidité et la rentabilité. Pourtant de nombreux banquiers ont exagéré leurs émissions et fait des prêts/investissements hasardeux. De nombreuses faillites de banques eurent lieu. Aussi, dès les années 1700, les débats sur la nature de la monnaie et du crédit ont fait rage.

Les uns, défenseurs d'un système monétaire métallique, décriaient la monnaie-crédit en soulignant que l'émission monétaire est alors hors de contrôle. Ce qui permet à tous les acteurs du système (banques, Banques centrales et Etats) de connaitre un endettement massif qui se termine nécessairement par une catastrophe monétaire. L'histoire des crises financières a démontré que cette affirmation a souvent été vérifiée. La faillite, dans les années 1720, de la Banque Royale de France créée par John Law ainsi que l'échec des assignats gagés sur les biens du clergé confisqués par la révolution française en sont des exemples bien connus.

Les autres, défenseurs de la monnaie-crédit soulignent que la couverture intégrale de tous les billets émis par de l'or empêche de bénéficier de l'effet de levier du crédit. Pour eux, la couverture or freine le développement économique. En outre, la thésaurisation de l'or et les paiements en or des importations de l'étranger entraînent une baisse de la masse d'or en circulation. Cette baisse se traduit par une baisse du nombre de paiements et donc par moins de transactions commerciales. L'économie décroît alors. Ces critiques n'admettent pas que ce soit la disponibilité de l'or qui dirige le développement de l'économie. Pour eux, ce sont les souhaits des hommes plutôt que les aléas de la production et de la circulation de l'or qui doivent commander le fonctionnement de l'économie.

La conception métalliste de la monnaie est sortie victorieuse de ce débat. Dès les années 1800, l'or a été reconnu comme seul et unique moyen naturel de paiement. C'est ainsi que toutes les monnaies-papier ont été déclarées convertibles en or. Le taux de change de chaque monnaie était le reflet du stock d'or que détenait le pays.

Les années 1910-1930 marquent un tournant historique avec la montée en puissance des Etats-Unis. Leur développement économique se traduit par une succession d'années de balance de paiement largement positive, y compris pendant la première guerre mondiale. Les Etats-Unis accumulent et thésaurisent des stocks d'or immenses au détriment des autres Etats qui, face à des réserves d'or sans cesse amaigries, ont été amenés à faire soit de la contention monétaire afin de garantir la parité de leur monnaie par rapport à l'or, soit de dévaluer leur monnaie.

La diminution de la masse monétaire en Europe a aggravé les conséquences de la crise des années 1930 et est sans doute l'une des causes de la seconde guerre mondiale. Certains économistes pensent que dans les années 30, outre le renforcement de la réglementation bancaire, les Etats-Unis auraient dû pratiquer une réévaluation du $ US par rapport à l'or de manière à rééquilibrer les échanges internationaux et leur balance des paiements. Ils pensent que l'accumulation d'autant d'or visaient à faire des Etats-Unis « La » puissance de référence au niveau mondial. Les stocks d'or se sont accumulés aux USA pour atteindre 21.700 tonnes en 1944. Aussi, à la fin de la seconde guerre mondiale, les accords de Bretton-Woods ; favorables aux Etats-Unis ; ont consacré le $ US comme monnaie de référence mondiale et, indirectement consacré les Etats-Unis comme puissance économique et militaire dominatrice du monde. Un nouvel ordre mondial était né avec son armée et sa monnaie, la monnaie de référence dans tout « l'empire américain ». En effet, toutes les monnaies nationales étaient convertibles en $ US qui lui-même était convertible en or. On notera que la proposition alternative de l'économiste anglais J.M. Keynes de créer une monnaie supranationale, le bancor, échappant au contrôle d'un seul pays n'a pas été retenue.

Dans l'après-guerre, avec le financement de la guerre froide et, particulièrement avec celui consacré à la guerre du Vietnam, la balance commerciale des Etats-Unis a été régulièrement déficitaire et ses pays partenaires accumulant des $ US ont demandé à être payé en or. Si bien que le stock d'or s'amenuisait d'année en année jusqu'à atteindre un seuil de 3.900 tonnes d'or en 1971. Le

Président Nixon a alors déclaré que le $ US était inconvertible. C'en était fini de l'étalon-or.

Le $ US est ensuite resté la monnaie de référence mondiale parce que les Etats-Unis représentaient la puissance économique, financière et militaire de référence.

Que retenir sur la période du XVIIIème siècle à 1971 ?

Les conceptions de la monnaie ont évolué, passant de la « monnaie métallique » à de la « monnaie fiduciaire ». Le débat opposant la « monnaie métallique » à la « monnaie fiduciaire » a fait rage, chaque système présentant des avantages et des inconvénients. On peut considérer que la conception fiduciaire de la monnaie a triomphé mais qu'elle a été considérablement bridée puisque jusqu'en 1971, c'est l'étalon-or qui a dominé.

Pendant cette période, la réflexion sur la monnaie a progressé. Une liaison a été établie entre la taille de la masse monétaire et le niveau d'activité économique. Le crédit permet d'accélérer l'activité économique. On a constaté que la monnaie est un puissant catalyseur de l'activité humaine, un puissant levier capable de mobiliser l'inventivité, l'énergie et le dynamisme des humains, y compris pour des guerres. Elle a favorisé le développement économique et industriel qui caractérise notre société libérale, démocratique et capitaliste puisque, en moins de trois siècles, l'humanité a produit plus de biens et services que dans toute son histoire antérieure. La production industrielle et les échanges commerciaux atteignent des niveaux jamais vus précédemment. Mais, dans le même temps, les guerres n'ont jamais été aussi violentes avec des millions de morts et avec le déclenchement du feu nucléaire au cours de la seconde guerre mondiale.

Dans le même temps, la population humaine est passée de 650 millions d'individus vers 1700 à plus de 7 milliards de personnes aujourd'hui et le niveau de vie de millions de personnes n'a jamais été aussi élevé. Mais le prix de ce bien-être est qu'une grande partie de l'humanité est exploitée dans des conditions de travail indignes, que pratiquement toutes les ressources naturelles du sol de la planète (charbon, pétrole, gaz naturel, minerais, etc.) ont été extraites et que les ressources renouvelables (poissons, forêts, eau douce, etc.) sont pratiquement épuisées. A partir des années 1970, avec les travaux du club de Rome et le fameux rapport Meadows sur les limites à la croissance, la critique écologiste va se développer et la réflexion sur le développement durable va s'amorcer. Aujourd'hui, le réchauffement climatique, la perte de biodiversité et la disparition de nombreuses ressources naturelles font peser les plus graves hypothèques sur l'avenir de l'humanité.

L'euro

A partir de 1971 et l'inconvertibilité du $ US en or, l'Europe (de l'ouest à l'époque) a connu une grande instabilité monétaire due à la variabilité des taux de change des monnaies européennes entre elles. Très rapidement, en vue de limiter la spéculation et les dévaluations compétitives, a été mis en place le système monétaire européen. Celui-ci se caractérisait par la fixation d'un taux de change pivot entre toutes les monnaies du système associé à des marges de fluctuation étroites des taux de change de chaque monnaie autour du pivot. Ce système européen a débouché sur la création de l'euro, monnaie unique de 18 Etats membres de l'Union européenne formant la zone euro. Cette zone euro est un club fermé d'Etats qui, pour pouvoir adhérer à la monnaie unique, doivent répondre à des conditions très strictes concernant leur taux d'inflation, le niveau de la dette publique par rapport au produit intérieur brut (le PIB qui mesure l'ensemble des richesses produites et des revenus encaissés dans un pays pendant un an) et le niveau de déficit public. Depuis, ces critères de convergence ont été renforcés dans le cadre du traité sur la stabilité, la coordination et la gouvernance (TSCG) de l'Union économique et monétaire en vue de garantir une certaine cohésion des variables macro-économiques des différents Etats.

La politique monétaire de l'euro a été centralisée et confiée à la Banque centrale européenne (BCE), garante de la monnaie et autorité de surveillance des systèmes de paiement. Elle s'est vue octroyer son indépendance par rapport au pouvoir politique des différents Etats. Elle poursuit, indépendamment de ces derniers, son objectif de stabilité des prix en visant une inflation proche de 2 %. Par ailleurs, la BCE s'est vue interdire le financement des Etats membres.

L'euro est la seule monnaie au monde qui soit la monnaie unique de plusieurs Etats indépendants. Il a été conçu exclusivement dans une optique d'efficacité économique. Sa création s'inscrit dans la ligne du développement du marché unique ce qui implique… une monnaie unique. Son objectif est de fluidifier les transactions commerciales, d'éviter les dévaluations compétitives, de supprimer les frais bancaires. Et, il est vrai que l'euro a une efficacité remarquable avec des coûts de transaction très faibles grâce à un système de paiement européen largement informatisé. Il est quotidiennement utilisé comme monnaie par des centaines de millions de personnes.

La monnaie unique implique qu'il n'y ait qu'une seule politique monétaire pour les Etats européens membres de la zone. Pourtant, la coordination des politiques économique, budgétaire, fiscale et sociale est relativement faible entre les Etats membres dont les situations économiques sont parfois fort disparates. Ce défaut de coordination est censé être compensé par un mécanisme fixant les règles de gouvernance supranationales auxquelles chaque Etat doit se soumettre. Il s'agit du TSCG (traité sur la stabilité, la coordination et la gouvernance).

A ce jour, les tensions au sein de la zone euro sont très grandes comme en attestent les crises de dettes publiques qui ont affecté la Grèce, le Portugal, l'Espagne et l'Italie. L'absence de coordination politique et de solidarité interétatique qui empêchent les pays les plus faibles de rattraper les pays les avancés alimentent le débat sur l'éclatement de la zone euro. Ces pays, plus particulièrement, mais également tous les autres Etats européens doivent mener des politiques économiques schizophréniques. D'un côté, ils recherchent la croissance économique et désirent utiliser la politique budgétaire comme accélérateur de croissance – condition de leur survie économique – mais d'un autre côté, suite aux crises financière et économique, ils sont obligés de rétablir les finances publiques via des cures d'austérité avec le paradoxe que le désendettement souhaité contrecarre la croissance et risque d'entraîner les Etats dans la récession et la déflation (baisse) des prix.

De 1980 à nos jours

Le contexte des années 1980 – 2000 se caractérise par la libéralisation et le développement des marchés financiers, l'assouplissement, voire le démantèlement, des règles prudentielles applicables aux banques en vigueur depuis la crise des années 1930, le développement des fonds de pension, des fonds d'investissement et de l'assurance vie soutenus par une informatisation sans cesse plus poussée. Des produits dérivés et structurés aux noms étranges ont été fortement développés. Il s'agit des forwards, options, swaps, dérivés de crédit (credit-derivatives) qui permettent d'offrir des assurances contre des modifications de taux de change, de taux d'intérêt, de variations de prix de matière première, de défaut de paiement.

Ces produits, mal maîtrisés par de nombreuses banques et parfois basés sur des modélisations statistiques peu robustes sont à l'origine de la crise financière mondiale de 2007-2008. En l'occurrence, il s'agissait des CDS (dérivé de crédit) associés aux prêts hypothécaires subprimes. Cette crise financière qui a failli faire s'écrouler l'économie mondiale peut se résumer de la façon suivante. Traditionnellement, les banques accordaient des prêts hypothécaires et veillaient à ce que les emprunteurs leur remboursent les sommes empruntées avec les intérêts dus. Les banques avaient un intérêt évident à sélectionner les emprunteurs et à n'accorder des prêts qu'à des personnes solvables et uniquement pour des montants raisonnables. Les banques conservaient le risque tout au long du remboursement de l'emprunt.

Dans le nouveau contexte financier permettant de se refinancer aisément, les banques n'ont plus eu ce rôle de « sélectionneur et conservateur du risque ». En effet, après avoir accordé leurs prêts hypothécaires, les banques ne conservaient plus le risque. Elles « titrisaient » ces prêts. C'est-à-dire qu'elles faisaient des paquets contenant des centaines de prêts. Elles revendaient ces paquets à des fonds de pension ou des fonds d'investissement qui les achetaient en vue de placer les économies des épargnants. Les banques recevaient alors immédiatement de l'argent liquide. Elles pouvaient alors financer de nouveaux prêts hypothécaires qu'elles mettaient dans de nouveaux paquets qui étaient vendus, etc. Le carrousel était lancé.

Dans un tel contexte, les banques n'ont plus été incitées à sélectionner les risques puisqu'elles ne les conservaient pas ultérieurement. C'est ainsi qu'elles ont été tentées d'accorder toujours plus de prêts à des populations de moins en moins solvables, ce sont les prêts « subprimes » à taux d'intérêt variable. Elles pensaient qu'en cas de non-remboursement, elles pourraient toujours saisir les biens immobiliers et les revendre. Leur analyse statistique était que jamais les prix de l'immobilier n'étaient descendus aux Etats-Unis et que donc il n'y avait aucun risque. Fortes de ces certitudes, ces banques et certaines entreprises d'assurances (dont AIG la plus grande entreprise américaine d'assurances) ont vendu des CDS (credit default swap) couvrant les éventuels défauts de remboursement de ces emprunts. Ce qu'elles avaient oublié c'est que jamais auparavant on avait vendu autant de maisons à autant de gens si pauvres… parce qu'avant, les banques sélectionnaient les risques. Le modèle statistique sur lequel elles basaient leurs analyses était miné par leur propre modification de comportement !

Ensuite, ce qui devait arriver, arriva. L'économie a connu une contraction et, avec l'augmentation des taux d'intérêt sur leurs emprunts à taux variable, de nombreux emprunteurs n'ont plus pu rembourser leurs dettes. Des maisons ont été saisies et mises en vente. Les prix de l'immobilier ont alors chuté. Les banques et entreprises d'assurances devaient alors à la fois honorer les assurances contre le défaut de paiement (les CDS) et se retrouvaient avec des centaines de biens immobiliers dévalorisés sur les bras, impossibles à vendre ! Très rapidement, les banques n'eurent plus de liquidités pour honorer leurs engagements et les cessations de paiement des banques s'enchaînèrent alors risquant d'entraîner l'économie mondiale dans une déroute sans précédent. Pour les sauver, Les Etats et les Banques centrales ont dû intervenir massivement. Les Etats ont nationalisé de nombreuses banques alors que les Banques centrales, dans leur rôle de prêteur en dernier ressort, leur ont prêté d'énormes quantités de monnaie.

Le secteur financier en est ressorti affaibli et les Etats fortement endettés puisqu'eux-mêmes ont dû emprunter (à d'autres banquiers) des sommes astronomiques pour sauver les banques en déroute. Depuis lors, le volume de crédit à l'économie a fortement diminué et l'activité économique s'en ressent. La croissance économique n'a pas repris depuis la crise financière. Aussi, afin d'inciter les banques à octroyer plus de crédits pour relancer la machine économique, les Banques centrales des Etats-Unis, du Royaume-Uni, du Japon et d'Europe prêtent des sommes sans précédent à des taux d'intérêt très faibles aux banques. C'est ce qu'on appelle l'assouplissement quantitatif (quantitative easing). Mais à ce jour, rien ne semble indiquer que la croissance économique va reprendre.

Depuis ces sauvetages, les choses ont relativement peu changé. Les Etats ont, un tout petit peu, renforcé les règles prudentielles des banques et des entreprises d'assurance en exigeant une augmentation marginale des fonds propres apportés par les actionnaires, en imposant des conditions de liquidité limitant les placements trop immobilisés et en limitant les effets de levier puisque les fonds propres des banques devront progressivement atteindre 8 % des montants prêtés.

Un bon indicateur de la poursuite de la folle évolution de la finance est l'évolution de la masse monétaire (pour être tout à fait correct, on devrait plutôt dire la masse des crédits octroyés). Dans un fonctionnement normal de l'économie, le volume monétaire (le volume des crédits) évolue en proportion de l'activité économique. Plus on octroie de crédits, plus l'activité économique augmente et inversement, l'activité diminue dès que le volume de crédits se réduit. Normalement donc, le volume de crédits et l'activité économique sont étroitement liés. Comme nous l'avons vu plus haut, c'est le développement de la monnaie fiduciaire – de la monnaie-crédit - qui explique la croissance économique de ces trois derniers siècles. Or actuellement, l'évolution de la masse monétaire est totalement déconnectée de l'activité économique. La masse monétaire croît beaucoup plus vite que l'économie. La finance croît sans plus se référer à l'économie réelle. Par exemple, entre 1993 et 2014, l'économie française a crû de 227 %. Dans le même temps, la masse monétaire a cru de 407 % ! Au niveau mondial, entre 2003 et 2013, l'économie a crû de 94 % alors que les produits dérivés, émis par les 14 plus grandes banques au monde ont cru de 260 %.

La somme des produits dérivés, censés être des produits d'assurance, représentent près de dix fois l'économie mondiale. Pour illustrer l'énormité de la chose, c'est comme si chaque ménage assurait dix fois sa maison contre le risque d'incendie (Ce qui est interdit !). Dans un tel contexte, vous pouvez être sûr qu'il y aura nécessairement quelques personnes prêtes à mettre le feu à leur maison pour percevoir les indemnités. Or, rationnellement, personne n'a besoin de couvrir dix fois le risque qu'il court. La finance est devenue un casino découplé de la réalité économique où les uns parient contre les autres sur l'évolution des taux d'intérêt, des taux de change et sur l'évolution d'indices divers (indices boursiers, cours de l'or, du pétrole, etc.).

Les 14 plus grandes banques mondiales, dont quelques-unes européennes et françaises, sont appelées « banques systémiques » parce qu'elles occupent une place telle que si elles faisaient faillite tout le « système » financier s'écroulerait. C'est dire si leur taille est dangereuse pour la finance et pour l'économie. On ne s'étonnera pas de constater que ces banques sont systématiquement présentes dans les grands scandales financiers qui agitent la planète. Elles ont été condamnées à de multiples reprises pour des centaines de millions de dollars pour des délits divers tels que manipulation, tentative de manipulation et abus de position dominante sur les taux d'intérêt interbancaires en Europe, aux Etats-Unis, au Japon et sur les taux de change. Imaginez simplement la situation suivante, vous avez fait des paris pour des sommes astronomiques et, grâce à votre position privilégiée sur les marchés, vous avez la possibilité de les manipuler pour gagner vos paris. Résisteriez-vous à la tentation quand on sait que si vous perdez, vous perdrez des milliards de $, d'€ et de £ ?

Et puis, n'oublions pas que ce sont des paris. Donc chaque fois que l'un gagne, d'autres perdent. Ces autres, les perdants, ce sont les entreprises, les Etats, les épargnants, les emprunteurs, c'est vous, c'est moi ! Nous sommes confrontés à des conditions de marché totalement faussées. L'un voit s'élever le cours de change de la monnaie de ses vacances, l'autre reçoit un intérêt trop faible sur son compte d'épargne ou le troisième conclut un emprunt hypothécaire à un taux d'intérêt trop élevé qu'il paiera pendant 20 ou 30 ans. Ces banques ont un comportement vorace et sont prêtes à vendre n'importe quel produit financier pour gagner. Rappelons-nous les emprunts toxiques refilés à des collectivités locales. Il s'agissait de prêts en devises étrangères conclus à un taux d'intérêt variable où l'emprunteur doit assumer un risque de change et un risque de taux d'intérêt. Rappelons-nous les montages destinés à cacher la dette publique de la Grèce, montages qui se sont retournés contre elle ensuite.

Rappelons-nous également que depuis 40 ans la dette publique de la plupart des Etats croît plus vite que l'économie. Les déficits des Etats se sont accumulés sous forme de dettes. De nombreux pays comptent une dette publique qui avoisine ou dépasse 100 % du PIB. C'est le cas de la France, de l'Italie, du Japon, du Canada, des Etats-Unis, du Royaume-Uni, de la Belgique mais aussi de pays qui sont déjà apparus dans l'actualité pour leurs difficultés à refinancer leur dette publique. Il s'agit de la Grèce, de l'Espagne, du Portugal et de l'Irlande. Eux-mêmes s'inscrivent dans une suite ininterrompue de dizaines de crises ayant également touché l'Argentine et de nombreux pays d'Asie.

Enfin, souvenons-nous de l'exemple de la Grèce. Dans un premier temps, elle a fait l'objet de prêts gigantesques. Ensuite avec l'aide de ses conseillers financiers, elle a maquillé ses comptes pour pouvoir entrer dans la zone euro. En finale, elle n'est plus parvenue à trouver des financements pour lui permettre de rembourser des prêts venus à échéance. Elle était en cessation de paiement, étranglée par la finance internationale qui refusait de la financer alors que dans le même temps d'autres banques internationales, allemandes et françaises pour les plus impliquées, attendaient les remboursements. Elles ont bien failli faire la culbute et ne doivent leur salut qu'aux Etats qui, par le biais de mécanismes divers, sont parvenus à trouver des financements auprès des institutions internationales (Fonds monétaire international, Banque centrale européenne, Commission européenne) et des autres pays partenaires de l'Union européenne. Ces prêts lui ont permis de rembourser ses banques créancières.

Imaginons à présent que l'une ou l'autre banque systémique perdent un peu trop de paris ou qu'un pays d'une importance moyenne soit incapable de refinancer sa dette, comme la Grèce le fut. De nouvelles banques seraient alors en cessation de paiement et le château de cartes financier s'écroulerait ! Les Etats, à présent endettés jusqu'au cou, sont absolument incapables de venir au secours des banques et des pays défaillants. Dans l'Union européenne, des mesures prudentielles ont été prises, elles visent à renforcer les fonds propres des banques et entreprises d'assurance, à mieux maîtriser les risques (notamment dans les modélisations statistiques), à limiter les effets de levier et à garantir un certain niveau de liquidité. De plus, les banques sont à présent obligées de cotiser à un fonds de résolution des crises bancaires qui interviendrait en cas de crise financière. Il faudra plusieurs années avant que ce fonds ne soit doté de suffisamment d'argent pour pouvoir assumer sa mission de sauvetage. La seule et dernière arme possible est alors celle qui fut utilisée à Chypre. Les dépôts des épargnants y ont fait l'objet d'un prélèvement sous forme d'une taxe exceptionnelle. Au-delà des actionnaires, au-delà des Etats, au-delà de l'intervention du fonds de résolution, ce sont les déposants et les épargnants qui ont donc été mis directement à contribution. Ce même type de mécanisme existe maintenant dans toute l'Europe, la garantie des dépôts va jusque 100.000 euros. Au-delà, le déposant participe aux risques de la banque dans laquelle il dépose ses fonds.

Que retenir de la période 1971 à aujourd'hui ?

Pour la période contemporaine, on retiendra que la référence à l'or a été complètement abandonnée (définitivement ?).

On retiendra également que nous fonctionnons sous le règne de la « monnaie-crédit » puisque, aujourd'hui, 100 % de l'économie passe par des crédits. Pas un seul produit ou service vendus ne contient pas, fût-ce une part infime, de frais financiers. Avec l'émission monétaire couplée à l'octroi de crédits, on remarque que s'il devait ne plus y avoir de crédits, il n'y aurait plus d'économie du tout ! Par conséquent, on peut dire que le système financier actuel repose exclusivement sur des dettes, les dettes des Etats, des entreprises, des banques et des particuliers. L'épargne des uns est intégralement compensée par les dettes des autres. C'est dire si l'octroi et le remboursement de crédits, l'allocation de l'épargne, les taux d'intérêt, le paiement ou le non-paiement des intérêts constituent des éléments centraux de nos sociétés modernes qui s'imposent à tous, Etats, entreprises et particuliers.

On retiendra également que la société s'est complètement financiarisée avec le développement de l'industrie financière, des fonds de pension, assurances-vie, du marché de l'épargne. Cette nouvelle industrie vit d'un endettement croissant et des besoins de sécurité financière. Elle s'adresse à tous les segments de la société ; les particuliers, avec les produits d'épargne, de retraite et de financement ; les entreprises avec les financements bancaires et financiers et les Etats concluant quantité d'emprunts pour couvrir leurs déficits.

Aujourd'hui, les Etats, les entreprises et les particuliers, tous endettés, sont sous la surveillance des bailleurs de fonds. Tous font l'objet d'un rating ou d'une analyse-crédit. Pour trouver des financements, tous doivent répondre à des normes financières de plus en plus strictes. Ils doivent se financer sur les marchés financiers qui imposent leurs exigences en matière de rentabilité et de solvabilité des emprunteurs. Pour la zone euro, cette discipline financière est encore plus grande puisque les Etats, renonçant volontairement à leur souveraineté monétaire, se soumettent à des procédures européennes de validation des budgets et comptes publics.

On retiendra aussi le développement autonome de la sphère financière par rapport à la vie économique. On a vu que le marché des produits dérivés représente 10 fois l'économie réelle. Cela entre en contradiction avec le constat traditionnel où l'économie et la masse monétaire croissent de concert.

2. L'émission monétaire

Après ce survol de l'histoire de la monnaie, il est temps de préciser ce qu'est la monnaie contemporaine et comment fonctionne exactement son émission. Nous avons vu qu'au cours de l'histoire la monnaie a d'abord été un été un actif tangible, un sac de blé, une pièce de cuivre, d'argent ou d'or. Ensuite, avec l'invention de la monnaie fiduciaire, la monnaie-papier représentait un stock d'or détenu par le banquier pour le compte du porteur du billet. Nous avons vu que très rapidement les billets émis ont dépassé ce stock d'or et qu'ils n'étaient plus garantis que par la probabilité que l'ensemble des déposants ne viendraient pas rechercher leur or en même temps. C'étaient les débuts de la monnaie-crédit qui a engendré des croissances économique et démographique exponentielles mais également de nombreuses crises financières et qui débouche aujourd'hui sur une grave crise écologique.

Devant la nécessité de stabiliser le fonctionnement monétaire, tous les pays ont, progressivement à partir du milieu du XIXème siècle et jusqu'au milieu du XXème siècle, mis en place des Banques centrales, sur le modèle initial de la Banque d'Angleterre. A l'origine, leurs missions principales étaient de mettre la monnaie en circulation par le biais du monopole de l'émission des billets de banque et de financer l'Etat par l'octroi de prêts et avances. Ultérieurement, elles ont endossé le rôle de prêteur en dernier ressort au profit des banques. Les Banques centrales appartiennent généralement au secteur public, celles qui avaient été créées sous forme de sociétés privées ont généralement été nationalisées. Depuis les années 1990, sur le modèle de la Bundesbank allemande, les Banques centrales publiques jusque-là soumises à la tutelle des gouvernements se sont vues accorder leur indépendance par rapport au pouvoir politique et interdire tout financement du secteur public.

Pour bien comprendre les mécanismes de l'émission monétaire contemporaine, il faut garder à l'esprit que le monopole de l'émission monétaire ne concerne que la monnaie émise par la Banque centrale sous forme de billets de banque, d'une part, et des réserves que les banques possèdent sur leur compte auprès de la Banque centrale, d'autre part. Les autres moyens de paiement tels que les cartes de crédit, les cartes de débit, les chèques, les virements, etc. ne sont pas concernés par le monopole d'émission. Ces derniers constituent les outils de la monnaie scripturale (du latin « *scriptura* », l'écriture), c'est-à-dire de la monnaie qui circule entre comptes en banque grâce à des écritures comptables. D'ailleurs, plutôt que d'utiliser le mot « monnaie scripturale », on pourrait parler de « monnaie-comptable » puisqu'elle n'existe que sous forme d'écritures en compte et d'écritures de mouvements entre comptes.

Il faut donc bien distinguer, d'une part, l'émission monétaire de la Banque centrale qui émet de la « monnaie centrale » et, d'autre part, la création monétaire des banques qui créent et manipulent de la « monnaie-comptable ».

L'émission monétaire de la Banque centrale

La Banque centrale met en circulation la monnaie officielle du pays ou de la zone monétaire, comme la zone euro, qu'elle représente. Il s'agit de la monnaie centrale. La somme des billets et de la monnaie scripturale inscrite sur les comptes de réserve des banques auprès de la Banque centrale forment la « base monétaire » du pays ou de la zone. Elle évolue de jour en jour en fonction de la demande de monnaie centrale des banques commerciales. L'émission de monnaie centrale est virtuellement illimitée, la Banque centrale a le droit d'émettre autant de monnaie qu'elle le désire pour peu qu'il y ait une demande de monnaie, soit sous forme de billets, soit sous forme scripturale, de la part des banques. Il est donc impossible pour une Banque centrale de faire faillite puisqu'elle aura toujours de quoi payer. La monnaie créée par la Banque centrale n'est pas garantie par un stock d'or.

Pour émettre de la monnaie, la Banque centrale peut :

- soit, prêter de la monnaie aux banques,
- soit acheter des titres, généralement des titres de la dette d'Etat, sur les marchés financiers et,
- accessoirement, acheter des biens et services pour son usage propre.

L'émission monétaire par prêt aux banques commerciales

Les banques commerciales qui désirent obtenir de la monnaie centrale doivent l'emprunter auprès de la Banque centrale. Elles peuvent obtenir la monnaie centrale soit sous forme de billets de banque afin de les fournir à leurs clients, soit sous forme de dépôts qu'elles conservent auprès de la Banque centrale. Ces dépôts des banques auprès de la Banque centrale s'appellent « réserves ». Il y a la « réserve obligatoire » que les banques doivent obligatoirement conserver auprès de la Banque centrale et des dépôts libres que l'on appelle les « réserves excédentaires ».

Pour prêter cette monnaie centrale, la Banque centrale exige :

a. des garanties, généralement des titres de la dette d'Etat et,
b. le paiement d'un intérêt au taux d'intérêt qu'elle fixe unilatéralement.

Il existe différents types de prêts qui se distinguent par leur durée ; des prêts à un jour, des prêts à une semaine, des prêts à trois mois maximum. Il n'y a pas de prêts pour des durées plus longues. La Banque centrale n'a, normalement, un rôle que dans la fourniture de liquidités à court terme[3].

Au sein du système européen de Banques centrales, ces prêts forment les instruments principaux de la politique monétaire. Ce sont :

---

[3] On verra plus loin qu'avec la crise financière de 2007, les Banques centrales ont été contraintes de livrer de la monnaie centrale à plus long terme.

- les opérations d'open market qui consistent en des prêts de monnaie contre mise en gage de titres pour des durées allant d'une semaine à trois mois,
- Les facilités permanentes qui permettent aux banques d'avoir un découvert sur leur compte de réserves pendant un jour.

L'émission monétaire par achat de titres

La Banque centrale peut également décider d'acheter directement des titres de la dette d'Etat. Aux Etats-Unis, au Japon, au Royaume-Uni, la Banque centrale peut directement souscrire de la dette d'Etat. Elle fournit ainsi directement des liquidités à l'Etat. Ce n'est pas le cas dans la zone euro où la Banque centrale ne peut pas financer les Etats membres de la zone. Elle achète alors les titres représentant la dette des Etats sur les marchés financiers. Dans les deux cas, en paiement de ces titres, la Banque centrale émet de la monnaie centrale qu'elle verse soit sur le compte de l'Etat, soit sur le compte de l'intermédiaire financier qui lui a cédé les titres. Par ce biais, la Banque centrale crée de la monnaie centrale qu'elle injecte dans la société. La masse monétaire en circulation augmente.

Inversement, lorsque la Banque centrale revend les titres qu'elle détient, elle reçoit de la monnaie en retour de la part des acheteurs. Lorsque la monnaie rentre à la Banque centrale, elle n'a plus de valeur, elle est annulée. La masse monétaire en circulation diminue.

L'émission monétaire des banques commerciales

Les banques commerciales fonctionnent exactement selon le même schéma que les Banques centrales. Lorsque votre banque vous accorde un prêt, elle n'a recours qu'à des écritures comptables. Elle n'a pas besoin d'argent provenant de la Banque centrale ou de dépôts. Simplement, elle inscrit le montant emprunté sur votre compte en banque comme si elle vous versait une somme. A côté de ça, elle vous demande une garantie comme une autorisation de saisir votre voiture, votre maison ou votre salaire, et vous fixe un taux d'intérêt que vous aurez à payer en plus du montant emprunté. Ce faisant, votre banque émet « sa » propre monnaie locale. Imaginons qu'avec cet argent vous fassiez un paiement vers un autre client de la même banque et que celui-ci aussi ne commerce qu'avec un autre client de la même banque. La monnaie circule alors uniquement à l'intérieur d'une seule et même banque. Elle n'a donc que des écritures à passer. Pierre verse à Paul, Paul verse à Henri, Henri verse à Jacques. Votre banque n'a pas besoin d'autre monnaie que « sa » propre monnaie locale qu'elle a versée sur votre compte à l'origine.

Supposons maintenant que vous désiriez faire un paiement à un fournisseur qui possède un compte dans une autre banque. Les choses se compliquent alors un peu. Supposons que vous lui fassiez le versement via un terminal électronique avec votre carte bancaire ou que vous lui fassiez un virement. Peu importe, toutes ces manières différentes de payer reviennent au même. En finale, votre banque doit transmettre de la monnaie à l'autre banque à charge pour cette dernière de la verser sur le compte de votre fournisseur. Le problème est que la banque de votre fournisseur ne reconnaît pas la monnaie locale de votre banque. Elle veut de la bonne monnaie, celle qui vient de la Banque centrale. Ainsi, votre banque va transférer de la monnaie de son compte de réserve à la Banque centrale vers le compte de réserve à la Banque centrale de la banque de votre fournisseur. Cette dernière pourra alors verser l'équivalent de ce montant sur le compte de votre fournisseur.

Ainsi, les comptes de réserves des banques auprès de la Banque centrale servent à échanger les paiements entre les banques. La Banque centrale peut à tout moment vérifier l'état des comptes de chaque banque et ainsi surveiller le système de paiement.

Les banques qui se trouvent « en négatif » sur leur compte de réserve doivent soit emprunter de la monnaie centrale aux autres banques qui sont en excédent sur leur compte de réserve, soit en emprunter à la Banque centrale. Dans le premier cas, la banque emprunte sur le « marché interbancaire » ; dans le deuxième cas, elle fait appel à la fonction de « prêteur en dernier ressort » de la Banque centrale.

Donc lorsque la banque vous prête une somme, elle ne se préoccupe pas trop de savoir d'où vient l'argent qu'elle vous prête. Cet argent peut provenir de dépôts d'autres personnes, il peut provenir d'emprunts auprès d'une autre banque ou être emprunté auprès de la Banque centrale. On voit que dans les situations courantes, votre banque ne se soucie pas trop des liquidités. En dernier ressort, elle peut toujours s'en procurer auprès de la Banque centrale.

Bien sûr, il existe des garde-fous, des règles de sécurité, sans quoi votre banque pourrait accorder des crédits à l'infini et, systématiquement emprunter de la monnaie centrale auprès des autres banques ou auprès de la Banque centrale. Sans garde-fous, sans règle de sécurité, le pouvoir d'émission des banques serait illimité, comme celui de la Banque centrale. Eh bien, précisément, dans les années 1980, aux USA, au Royaume-Uni, puis en Europe, les législateurs ont assoupli les règles de sécurité, croyant que « le marché allait s'autoréguler ». Quelques années plus tard, en 2007-2008, on a eu une crise financière majeure qui a bien failli stopper net l'économie mondiale.

Quelles sont ces règles de sécurité et règles du jeu ? Tout d'abord, les banques doivent disposer de réserves obligatoires auprès de la Banque centrale. Elles ne peuvent accorder de crédits que pour un multiple de leurs réserves. Comme les banquiers accordaient des prêts en excédent de leur stock d'or, les banques actuelles peuvent accorder des prêts en excédent de leurs réserves obligatoires. En Europe, le montant des réserves obligatoires est fixé entre 0 % et 10 % des crédits octroyés. Plus la réserve obligatoire est petite, plus la banque peut accorder de prêts et inversement, plus la réserve est grande et moins la banque peut octroyer de prêts.

Ensuite, elles doivent posséder un minimum de capitaux propres amenés par les actionnaires afin d'assurer leur solidité financière.

- Plus les fonds propres sont importants, plus la banque est solide.

- Moins les fonds propres sont importants, plus la banque est fragile.
- moins la banque dispose de fonds propres, plus elle est potentiellement rentable puisqu'elle accorde plus de crédits, censés lui rapporter des intérêts, en investissant moins de fonds. Sa rentabilité est donc supérieure à celle de sa consœur qui « immobilise » plus de fonds propres.

En Europe, les fonds propres doivent représenter au minimum 8 % des crédits octroyés. Autrement dit, quand les actionnaires de la banque « immobilisent » 1 €, la banque peut en prêter 12,5.

L'émission monétaire, concrètement

L'émission monétaire fonctionne donc comme une fusée à deux étages.

- Le premier étage est composé de la Banque centrale qui peut émettre de la monnaie centrale en la distribuant aux banques à un certain taux d'intérêt. Elle a le droit d'émettre autant de monnaie que nécessaire mais, dans la zone euro, ne peut le faire qu'en prêtant aux banques ou en rachetant des titres.
- Le deuxième étage est composé des banques qui émettent leurs propres monnaies locales dans une quantité fixée par les règles de sécurité et par le montant de leurs fonds propres. Elles imposent leur propre taux d'intérêt en veillant à ce qu'il soit

supérieur à celui pratiqué par la Banque centrale, à celui pratiqué par les banques entre elles sur le marché interbancaire et... à celui qu'elle verse sur les comptes d'épargne.

En pratique, les règles de sécurité assurent une rentabilité très élevée des fonds propres des banques puisqu'avec 1 euro, elles peuvent en prêter 12,5. C'est-à-dire que les banques créent 11,5 euros pour chaque euro investi. Ces 12,5 euros rapportent des intérêts qui, déduction faite des charges, bénéficient au seul euro investi ! C'est dire si la rentabilité d'une banque est intéressante. En plus, il existe des dérogations aux règles de sécurité qui permettent de dépasser ce maximum pour certains types de prêts comme les prêts aux Etats qui sont considérés comme moins risqués. Enfin, avec les développements financiers récents, les banques ne conservent pas les prêts qu'elles octroient, elles les revendent à des investisseurs tels que des fonds de placement et des entreprises d'assurances. En conséquence de quoi, en réalité, les banques prêtent bien plus que 12,5 fois leurs capitaux propres.

Si on analyse les bilans consolidés de la Banque centrale européenne avec les bilans de l'ensemble des banques européennes, on constate qu'environ 90 % de la masse monétaire est émise par les banques alors que les quelques 10 % restants sont émis par la Banque centrale.

La conclusion est claire, simple et limpide. Dans chaque euro de monnaie scripturale que vous possédez, il y a 90 centimes qui ont été émis par une banque via un prêt et 10 centimes qui ont été émis par la Banque centrale via un prêt à une banque. Seul le billet de banque que vous avez en poche est émis à 100 % par la Banque centrale. Vous savez maintenant que toujours et dans tous les cas, la monnaie que vous détenez, celle qui circule, c'est 100 % de dette sur laquelle les emprunteurs paient des intérêts. Si vous avez une épargne de 10.000 euros, vous devez vous dire que quelque part dans le système économique, il y a eu des emprunts à concurrence de ces 10.000 euros et que ces 10.000 euros sont porteurs d'intérêts.

Que retenir sur l'émission monétaire ?

La monnaie est créée à partir de rien ! Elle est créée au fur et à mesure que des crédits sont octroyés. Pas de crédit ? Pas de monnaie ! Contrairement à ce vous croyiez, ce n'est pas un stock d'or qui garantit la monnaie et ce ne sont pas les dépôts en banque qui font les crédits. Ce sont bien les crédits qui font les dépôts en banque ! Il existe deux sortes de monnaie :

- *la monnaie de la Banque centrale qui circule sous forme de billets et sous forme scripturale entre les banques et,*
- *la monnaie propre à chacune des banques qui circule uniquement entre les comptes au sein d'une seule et même banque.*

Pour transférer de la monnaie d'une banque à l'autre, les banques doivent toujours utiliser leur compte de réserve à la Banque centrale qui surveille le bon déroulement des paiements en supervisant les systèmes informatiques de transfert des paiements.

Lorsque le compte de réserve d'une banque est sous le minimum exigé, elle peut emprunter de la monnaie centrale à d'autres banques ou à la Banque centrale, moyennant paiement d'un intérêt et mise en gage de titres.

Lorsqu'une banque a besoin de billets pour ses clients, elle est obligée de les emprunter à la Banque centrale moyennant paiement d'un intérêt et mise en gage de titres.

Maintenant, vous savez pourquoi votre banque préfère que vous utilisiez des moyens de paiement électronique plutôt que des billets. Quand vous demandez des billets, votre banque doit les emprunter à la Banque centrale et cela lui coûte alors que quand vous payez avec de la monnaie électronique si vous versez vers un autre compte de la même banque, vous payez avec des écritures comptables. Ce n'est que lorsque vous transférez de l'argent vers une autre banque que cela coûte également à votre banque.

Enfin, vous savez que 90 % de de la monnaie est émise par les banques et que le solde de 10 % de la monnaie est émis par la Banque centrale. Enfin, vous savez à présent que 100 % de la monnaie en circulation est de la dette et que si l'un détient de l'argent, d'autres sont endettés pour exactement le même montant.

3. Le rôle de la Banque centrale

A la lecture du chapitre précédent, on s'est rendu compte que la Banque centrale est un acteur particulier dans le système monétaire. D'aucuns disent que l'invention des Banques centrales est aussi importante pour l'histoire de l'humanité que celle de la roue. Voyons cela plus en détail.

Dans le monde, il existe plusieurs sortes de Banques centrales dont les statuts, les missions et les modalités d'intervention ne sont pas toujours totalement identiques. En particulier, certaines dépendent du gouvernement du pays alors que d'autres sont indépendantes du gouvernement. Néanmoins, au-delà des différences, toutes peuvent se retrouver dans la description suivante. La Banque centrale a un rôle d'intérêt public, elle

- définit (parfois avec/sans concertation avec le gouvernement) et met en œuvre la politique monétaire,
- exerce la fonction de prêteur en dernier ressort et,
- exerce la surveillance et la gestion des systèmes de paiement liés à la compensation interbancaire des virements et chèques.

De plus, depuis la crise financière de 2007-2008, les Banques centrales se sont vu assigner un rôle de réglementation et de supervision des banques et du système bancaire.

La politique monétaire

Dans notre survol historique, nous avons fait le constat que le volume de monnaie en circulation était étroitement lié au volume d'activité économique. Le lien entre ces deux dimensions est le volume de crédits octroyés. Nous avons vu que le crédit est un puissant accélérateur de l'activité économique. Ce constat, des économistes comme Irving Fischer, J.M. Keynes et M. Friedman pour ne citer que les plus importants, l'ont fait avant nous et l'ont modélisé dans des versions successives et pas toujours cohérentes de la théorie quantitative de la monnaie. Cette théorie dit que le volume d'activités, à un prix donné, est égal au volume de monnaie multiplié par la vitesse de circulation de celle-ci.

Cela rejoint nos constatations intuitives. Si la monnaie circule vite (elle change de mains souvent), cela signifie qu'il y a beaucoup de transactions, que le commerce est dynamique. Mais un niveau de commerce identique peut être atteint avec une vitesse de circulation monétaire plus lente et une masse monétaire plus importante. Par exemple, comparons deux villages : Dans le village A se trouve un billet de 100 euros. Au cours de la semaine, il change 100 fois de mains. L'activité économique du village aura été de 100 x 100 = 10.000 euros. Dans le village B, il y 5 billets de 100 euros. Au cours de la semaine, chaque billet change 20 fois de mains. L'activité économique du village aura été de 5 x 100 x 20 = 10.000 euros. On a deux niveaux d'activités parfaitement identiques, l'un atteint avec une petite masse monétaire qui circule vite et l'autre avec une masse plus importante qui circule moins vite.

La politique monétaire consiste alors en un ensemble de moyens mis en œuvre pour agir sur l'activité économique en régulant soit le volume, soit la vitesse de circulation de la monnaie. Les Banques centrales ont généralement posé l'hypothèse que la vitesse de circulation de la monnaie est plus ou moins constante dans l'économie. Elles considèrent donc que c'est la variation du volume monétaire qui influence le plus le volume d'activités. Par conséquent, les Banques centrales tentent d'influencer l'activité économique en tentant d'influencer la demande de monnaie des banques commerciales en adaptant le taux d'intérêt auquel elles prêtent aux banques.

En résumé, plus le taux d'intérêt auquel elles prêtent aux banques est bas (cela signifie que le prix de l'argent est bas), plus les entreprises, Etats et particuliers sont tentés d'emprunter auprès des banques commerciales qui peuvent se financer moins cher auprès de la Banque centrale. Ce faisant, le volume de crédits augmente, l'activité économique augmente et la rentabilité des entreprises s'améliore. Inversement, plus le taux d'intérêt de la Banque centrale est élevé (le prix de l'argent est élevé), moins les Etats, entreprises et particuliers sont tentés d'emprunter parce que les banques commerciales augmentent leurs propres taux d'intérêt. Les banques commerciales empruntent alors moins à la Banque centrale. L'augmentation du taux d'intérêt de la Banque centrale abaisse le volume d'activités (ou le fera croître moins vite) et diminue la rentabilité des entreprises qui se financent par emprunt.

Ça, c'est la théorie. En réalité, la sensibilité des banques commerciales au taux d'intérêt de la Banque centrale n'est pas aussi nette que le raisonnement ci-dessus le laisse croire. Les banques, les entreprises et les particuliers sont également sensibles aux opportunités qui se présentent à eux et ne se préoccupent du taux d'intérêt des emprunts qu'en deuxième lieu. Par ailleurs, le développement des marchés financiers fait que les détenteurs de titres de placements peuvent rapidement modifier leurs choix, notamment en période de crise, revendre leurs titres et exiger des liquidités, de la monnaie sans réellement se préoccuper des taux d'intérêt en vigueur. Il suffit qu'ils vendent massivement leurs titres pour obtenir les liquidités souhaitées.

Par conséquent, faisant le constat que la liaison de la demande de monnaie par rapport au taux d'intérêt est faible, le pilotage de la demande de monnaie par la variation du taux d'intérêt est un objectif qui a été abandonné par la plupart des Banques centrales, elles ont renoncé à piloter la masse monétaire laissant les marchés financiers décider eux-mêmes des volumes de monnaie nécessaires.

Actuellement, les Banques centrales visent essentiellement un objectif de stabilité des prix en combattant l'inflation. La Banque centrale européenne (BCE) ne vise que cet objectif, alors que la Banque centrale américaine, par exemple, vise un objectif double de stabilité des prix et de croissance économique. La peur de l'inflation n'est pas la même de deux côtés de l'atlantique ! En Europe, l'Allemagne a le douloureux souvenir d'une inflation galopante dans l'entre-deux-guerres qui l'a conduite au nazisme. Elle redoute de vivre ça à nouveau et donc met tout son poids dans la lutte contre l'inflation. C'est sous cette crainte allemande que les objectifs de la BCE ont été fixés. Pour la BCE, la bonne inflation est une inflation sous 2 % mais proche de 2 %. Cela signifie qu'elle désire que les prix augmentent de 2 % par an, en moyenne.

La réflexion sous-jacente est qu'une relative stabilité des prix est favorable à une croissance régulière de l'économie. Un objectif d'inflation de 2 % est un objectif clair et simple à comprendre tant par les décideurs économiques et politiques que les particuliers. Si la politique monétaire de la Banque centrale est cohérente et transparente, cela donne une bonne prévisibilité à l'évolution des prix et facilite les décisions, notamment les décisions d'investissement. Une inflation légère n'effraie pas les épargnants et elle permet d'effacer les dettes petit à petit sans douleur. Une inflation des prix de 2 % pendant 10 ans fait augmenter les prix (ou diminuer la valeur de l'argent, ce qui revient au même) de plus de 20 %. Compte tenu du fait que tous les revenus augmentent plus ou moins à la même vitesse, la charge de la dette s'allège de 20 % en 10 ans.

Afin d'atteindre cet objectif, la Banque centrale fait varier les taux d'intérêts sur les prêts qu'elle accorde. De manière générale, lorsque la Banque centrale veut faire accélérer l'économie, elle diminuera les taux d'intérêt et inversement, lorsque la Banque centrale veut freiner l'expansion économique, elle augmentera les taux d'intérêt sur les prêts. Cette politique de taux se décline à travers une série d'instruments qui couvrent diverses échéances, prêts à un jour, prêts à une semaine, prêts à un mois, prêts à trois mois.

De même pour l'inflation. Lorsque la Banque centrale constate que les prix augmentent ou risquent d'augmenter au-delà de l'objectif fixé, que les capacités de production sont totalement utilisées, que le chômage est bas et que la croissance économique est forte, la Banque centrale augmentera ses taux d'intérêt. L'objectif est alors de « refroidir » la machine. Et inversement lorsque la machine se refroidit trop, la Banque centrale va baisser son taux d'intérêt pour aider l'économie à accélérer.

Actuellement, en 2016, soit sept ans après la crise de 2007-2008, la plupart des Banques centrales et toutes les Banques centrales des zones monétaires d'importance (USA, UK, Japon, UE, Chine) ont diminué leurs taux d'intérêt à des niveaux proches de zéro[4]. Elles prêtent de la monnaie centrale à un taux nul afin d'inciter les banques à prêter aux Etats, entreprises et particuliers. Mais apparemment, cela ne marche pas trop. Les Etats font des cures d'austérité afin de contenir leur dette, ils essaient de contenir leur déficit de manière à simplement refinancer des dettes anciennes échues porteuses de hauts taux d'intérêt par de nouvelles dettes à taux bas. Les Etats compriment donc leurs dépenses et compriment l'activité économique. Devant des perspectives peu alléchantes, les entreprises investissent relativement peu, si ce n'est en investissement de rationalisation et les particuliers, tétanisés par les chocs financiers et effrayés par leurs perspectives de retraite, n'ont jamais autant épargné. La croissance économique n'est donc plus présente et la

---

[4] Au moment de mettre sous presse, les taux d'intérêt sont même devenus négatifs (voir chapitre sur la monnaie en territoire inconnu)

politique monétaire semble impuissante. Dans un système de monnaie-crédit, quand ni les Etats, ni les entreprises et ni les particuliers ne veulent s'endetter, l'économie s'enlise.

Parfois, les banques ont des excès de monnaie centrale en dépôt sur leur compte de réserve. Ces montants en excès sont, normalement, rémunérés par la Banque centrale. En accordant un taux plus ou moins haut, ce taux des dépôts participe d'ailleurs aussi à la politique monétaire. Mais, actuellement, la politique monétaire donne tellement peu de résultat que les Banques centrales utilisent des moyens totalement non conventionnels. Ainsi, sur ces dépôts, la Banque centrale pratique aujourd'hui des taux d'intérêt négatifs ! Les dépôts des banques commerciales auprès de la Banque centrale sont pénalisés. C'est l'équivalent d'une taxe sur les dépôts. Le raisonnement de la Banque centrale est que les banques préfèreront financer n'importe quel autre projet plutôt que de déposer des sommes en réserve. Ce faisant, elles financeront une relance économique. Pourtant les banques continuent de déposer des sommes à la Banque centrale et, à leur tour, pénalisent les déposants et épargnants qui déposent des sommes sur leur compte en banque. Ceux-ci se voient, de plus en plus souvent, compter des frais de gestion ou reçoivent un taux d'intérêt pratiquement nul sur les sommes déposées. La question est maintenant de savoir si cela incitera les déposants à dépenser plus ou si ça les incitera à épargner encore plus.

Enfin, en ce qui concerne les réserves obligatoires. En augmentant le niveau des réserves obligatoires que les banques doivent conserver à la Banque centrale, la Banque centrale peut créer ou accentuer un besoin structurel de refinancement du système bancaire et imposer ses taux d'intérêt. Si les banques n'ont pas de besoin de refinancement, elles n'empruntent pas à la Banque centrale et la politique monétaire est inopérante. A l'heure actuelle, le niveau des réserves obligatoires a été abaissé à un plancher absolu pour aider à relancer la machine du crédit.

Pourtant la machine économique ne redémarre pas ! La croissance reste atone. Et les Banques centrales ont inventé de nouvelles stratégies. Elles achètent des titres de dette des Etats sur le marché boursier. Ce faisant, elles injectent de la nouvelle monnaie centrale et font pression sur les taux d'intérêt à long terme. Mais jusqu'à présent, seuls les marchés boursiers montent par simple effet de transfert et l'économie ne redémarre.

De nouvelles mesures exceptionnelles sont également imaginables. On pourrait fournir des liquidités à taux zéro aux banques qui pourraient alors les prêter à des taux planchers et inciter les consommateurs et investisseurs à dépenser ; on pourrait également, en dernier ressort, taxer l'épargne de manière à inciter à la dépense pour relancer la machine économique. Certains imaginent même que la Banque centrale donnerait de l'argent aux particuliers afin qu'ils dépensent. C'est ce qu'on appelle la distribution d'argent par hélicoptère !

Prêteur en dernier ressort

Nous avons vu que les paiements interbancaires étaient toujours réalisés en monnaie centrale. En fonction des fuites d'argent d'une banque à l'autre, certaines d'entre elles peuvent, à certains moments, se trouver à court de liquidités sur leur compte de réserve à la Banque centrale. C'est une situation normale. Les banques qui ont trop de liquidités peuvent alors en prêter aux consœurs en besoin. Elles le font en appliquant le taux d'intérêt interbancaire. A défaut de recevoir un prêt des consœurs, la banque peut emprunter à la Banque centrale au taux d'intérêt fixé par celle-ci dans le cadre de sa politique monétaire. Vu que la Banque centrale ne peut pas laisser une banque en manque de liquidités, elle est obligée de lui prêter. C'est sa fonction de prêteur en dernier ressort. Comme on a vu que sa capacité d'émission est illimitée, elle peut prêter autant que nécessaire. Cette fonction de prêteur en dernier ressort constitue pour les banques la garantie absolue de toujours trouver des liquidités. La Banque centrale est obligée de les fournir sous peine de défaillance du secteur bancaire. Par conséquent, fortes de cette garantie absolue, les banques ne respectent pas toujours les règles du jeu puisqu'elles ont l'assurance que quelqu'un viendra toujours à leur secours. C'est l'aléa moral.

On en vient alors à se poser la question de savoir si c'est vraiment bien la monnaie centrale qui détermine la masse monétaire totale via un effet multiplicateur ou si ce n'est pas plutôt l'inverse, à savoir que c'est le montant de la monnaie émise par les banques commerciales qui détermine le montant de monnaie centrale que la Banque centrale doit émettre. Au lieu de déterminer la masse monétaire par un multiplicateur de la base monétaire, c'est la base monétaire qui est déterminée par la masse monétaire par le biais d'un diviseur. La relation de contrôle est inversée ! Le réel pouvoir monétaire appartient aux banques commerciales ! Ce sont bien les banques commerciales qui pilotent la taille de la masse monétaire en circulation. Au mieux, le pouvoir de la Banque centrale consiste uniquement à proposer des liquidités à des taux d'intérêt faibles pour augmenter la masse monétaire. Au pire, son pouvoir consiste à devoir sauver les banques en manque de liquidités.

C'est ainsi que pendant la crise de 2007-2008, les banques ne s'accordaient plus aucune confiance, elles ne se prêtaient plus d'argent les unes aux autres. Celles qui se sont trouvées à court de liquidités ont recouru aux prêts de la Banque centrale. Certaines ont été acculées à déposer leur bilan et leurs activités ont été reprises, soit par d'autres banques, soit ont été sauvées par les Etats. En définitive, ce sont les Banques centrales qui, en injectant des montagnes de liquidités sous forme de prêts à taux préférentiels, ont sauvé le système financier international. Pour prendre une image médicale, on pourrait dire que le monde bancaire a bénéficié de perfusions monétaires, perfusions qui sont toujours en cours en 2016 et qui dureront encore de nombreux mois.

En Europe se pose clairement la question de la cohérence et de la coordination entre la politique monétaire menée par la BCE et la politique budgétaire menée par l'Union européenne. La BCE adopte une politique monétaire expansionniste, elle désire doper la croissance économique et relancer un peu l'inflation alors que la Commission européenne et les Etats membres adoptent des politiques budgétaires restrictives visant à dépenser moins. L'objectif des Etats est de diminuer le déficit public et d'améliorer le ratio dette publique par rapport au PIB. Ils freinent donc leurs dépenses au maximum et ralentissent la croissance économique.

Vu leur ciblage de l'inflation, les Banques centrales accordent beaucoup d'importance à l'évolution des prix des articles courants achetés par les consommateurs alors que d'autres éléments intéressants l'économie n'entrent pas dans leur champ de préoccupations prioritaires. Le contrôle des flux de capitaux avec l'étranger n'existe plus. Elles n'accordent qu'une importance secondaire à l'évolution du prix des actifs (valeurs boursières, valeur de l'immobilier), c'est pourtant toujours par ces derniers que sont arrivées les crises financières ! Enfin, elles ne se préoccupent que fort peu de l'évolution du chômage. Pour elles, un chômage persistant constitue une indication que les prix ne vont pas augmenter rapidement. En effet, les personnes au chômage exercent une pression à la baisse sur les exigences d'augmentation des rémunérations, ce qui est favorable au contrôle de l'inflation, et, si elles sont recrutées, elles représentent un réservoir de demande potentielle favorable à la croissance économique.

Lors des dernières réformes des Banques centrales et lors de la création de la BCE, les législateurs ont privilégié l'objectif d'inflation sur les autres objectifs, l'objectif d'emploi ou l'objectif d'évolution des prix immobiliers. Ces législateurs ont fait le choix politique de préférer la stabilité des prix à la stabilité de l'emploi. Un choix politique différent pourrait être parfaitement justifié. On pourrait préférer lutter contre le chômage en laissant filer un peu l'inflation. Cela pose la question du mode de sélection des objectifs de la Banque centrale et de l'indépendance des Banques centrales à l'égard des gouvernements. Devant l'incapacité actuelle de la politique monétaire à relancer seule l'économie et devant les doutes quant à la soutenabilité écologique d'une économie qui serait relancée, il paraît normal de réinterroger le choix de l'indépendance des Banques centrales, de leurs objectifs et des moyens qu'elles mettent en œuvre pour les atteindre.

Que retenir sur le rôle de la Banque centrale ?

Le rôle essentiel des Banques centrales est de définir et de mettre en œuvre la politique monétaire. Cette politique vise, en dernière instance à favoriser la croissance économique sur le long terme en essayant de maintenir une inflation modérée et acceptable par tous. Pour ce faire, elles utilisent principalement l'arme du taux d'intérêt sur les emprunts de monnaie centrale que les banques sont amenées à leur demander.

Actuellement, vu que les actions traditionnelles des Banques centrales sont inopérantes, elles les complètent par des opérations non conventionnelles reprises sous le vocable « assouplissement quantitatif » et « refinancement à long terme ». En Europe, cela consiste en des taux d'intérêt nuls appliqués aux crédits octroyés aux banques et à des taux négatifs sur les réserves des banques auprès de la Banque centrale et en achats massifs de titres de dette d'Etat et d'entreprises sur le marché secondaire. Il s'agit dans les deux cas d'injecter des liquidités dans l'économie dans l'espoir de relancer la consommation et l'investissement et, probablement, de garantir la liquidité des banques. Dans d'autres pays, la Banque centrale souscrit directement des emprunts de l'Etat sans passer par les marchés financiers.

La Banque centrale a un rôle de prêteur en dernier ressort vis-à-vis du secteur bancaire. Lorsqu'une banque manque de liquidités sur son compte de réserve et qu'elle n'en trouve pas soit chez les épargnants, soit auprès des autres banques, elle emprunte les liquidités nécessaires auprès de la Banque centrale qui est le... prêteur en dernier ressort. Elle est le sauveur ultime des banques. Sous peine de cessation de paiement ou de faillite de la banque concernée, la Banque centrale est pratiquement obligée de prêter les liquidités nécessaires. Elle est en quelque sorte l'otage de ce secteur vital pour l'économie. C'est pourquoi, aujourd'hui, les Banques centrales ne sont plus en capacité de déterminer la masse monétaire en circulation, elles doivent alimenter les banques commerciales en liquidités demandées.

4. De l'intérêt et de la croissance

Au cours de notre voyage monétaire, nous avons rencontré plusieurs fois la thématique liée au taux d'intérêt et aux intérêts à verser. **Cette question est absolument centrale et cruciale dans notre système monétaire**. Au cœur de la problématique monétaire, le concept d'intérêt détermine fondamentalement la civilisation dans laquelle on vit.

Si on reprend notre survol historique en gardant à l'esprit la question des intérêts, on verra que les monnaies naturelles ne portent pas d'intérêt. Les grains de blé ou d'orge ne portent pas d'intérêt, l'or ou l'argent non plus. On se rappellera que l'intérêt et l'usure (intérêt prohibitif et excessif) ont fait l'objet de condamnation claire par l'église catholique au moyen-âge et, aujourd'hui encore, les religions juive et musulmane prohibent le prêt à intérêt. Pour les religions, l'argent ne peut engendrer de l'argent. Si les théologiens de plusieurs religions se sont penchés sur la question de l'intérêt, c'est que précisément elle mérite tout notre… intérêt parce qu'elle est cruciale. Ce n'est pas par hasard que le libéralisme et le capitalisme se développent progressivement, après le moyen-âge, à partir du moment et du lieu où la réprobation de l'intérêt a été abandonnée.

Nous allons voir à présent comment l'imposition d'intérêts, et plus particulièrement des intérêts composés, entraîne nécessairement notre société vers des catastrophes financières répétitives, la contraint à faire croître son économie sans cesse et nous entraîne vers une catastrophe écologique.

Imaginons une petite histoire. Imaginons un village dans lequel un banquier invente la monnaie (on a vu plus haut que la monnaie pouvait être créée à partir de rien) et qu'il l'appelle « le sous ». Le banquier prête donc 100 sous à Pierre pour acheter des outils et entamer la culture d'un champ. Il dit à Pierre qu'il devra lui rendre 102 sous dans un an après qu'il aura vendu sa récolte. Aussitôt dit, aussitôt fait. Pierre achète les outils et cultive son champ. A la fin de l'année, il obtient une très belle récolte qu'il vend intégralement. Et, comme les circonstances sont favorables, il parvient à récupérer les 100 sous qui ont été mis en circulation. Tout va bien sauf une chose… il s'était engagé à rembourser 102 sous ! Il n'en a que 100, il lui en manque 2 ! Pierre est mis en faillite et est emprisonné pour non-remboursement de dettes. Cette histoire est choquante, non ? Elle illustre parfaitement la problématique de l'intérêt et l'impasse financière dans laquelle notre société se trouve, couverte de dettes qu'il sera impossible à rembourser.

Comment Pierre aurait-il pu rembourser 102 sous ? Pour qu'il puisse rembourser 102 sous, le banquier aurait dû émettre 2 sous de plus. Pour faire cette émission de 2 sous, il aurait dû trouver un emprunteur intéressé par un emprunt de 2 sous. Henri par exemple et Henri aurait dû rembourser 2,04 sous à la fin de l'année. Mais si Pierre était parvenu à rassembler les 102 sous pour rembourser le banquier comment aurait fait Henri pour rembourser ses 2,04 sous. Il aurait fallu que le banquier émette 2,04 sous via un autre prêt. Etc.

Nous voyons dans cette petite histoire que pour rembourser les 100 sous initiaux avec intérêt, il faut émettre toujours plus de « monnaie-crédit », c'est une histoire sans fin. Pour que les débiteurs puissent rembourser leurs emprunts il faut que les banquiers trouvent de nouveaux emprunteurs. S'il n'y a pas de nouveaux emprunteurs, il n'y aura pas de remboursement des anciens emprunts. On pourrait comparer cette logique de prêts et intérêts à une boule de neige qui dévale une montagne. A chaque tour sur elle-même, la boule grossit et dévale la montagne plus vite en grossissant toujours plus et en accélérant encore. On le sent tout de suite, tout ça ne finira pas bien, il faudra bien qu'à un moment donné la boule de neige arrive dans la vallée, s'arrête et... se brise. Une telle croissance dite « exponentielle » ou « géométrique » est totalement insoutenable. La boule de neige qui se brise est l'image des crises financières qui se répètent périodiquement dans notre système financier. Voyons-le concrètement avec quelques exemples.

Premier exemple : La croissance économique

Le premier exemple porte sur le mythe de la croissance économique infinie. Nous avons vu que c'est la croissance économique, alimentée sans cesse par de nouveaux prêts, qui permet de rembourser les anciens emprunts. Il faut qu'il y ait de nouveaux projets, de nouveaux investissements, de nouvelles productions et de nouvelles consommations pour rembourser les anciens emprunts. La boule de neige tourne et grossit toujours. Avec la monnaie-crédit, la croissance économique doit être rapide. Ce qui est une chose relativement aisée à obtenir tant qu'il y a de nouveaux territoires à conquérir, tant qu'il y a de nouvelles populations à nourrir, tant qu'il y a des besoins à satisfaire, tant qu'il y a des ressources disponibles (terre, eau, matières premières, énergie). Dans ces cas, la croissance est possible. Ça a été le cas ces 300 dernières années pendant lesquelles on a pu coloniser de nouveaux territoires, voir la population et ses besoins croître, exploiter de plus en plus de ressources naturelles. Mais il y a des limites à la croissance. A présent, on se rend compte qu'il n'y a plus de terre à conquérir, que les besoins (de la population financièrement solvable) sont largement satisfaits, que la pression sur les ressources naturelles est aujourd'hui à son maximum, que les ressources non renouvelables disparaissent inévitablement et que les ressources renouvelables (bois, poissons, eau douce) sont tellement exploitées qu'elles s'épuisent. La croissance économique exponentielle débouche sur une impasse. Le mur des contraintes physiques et biologiques est atteint et des problèmes majeurs pour la planète et l'humanité surviennent. Que l'on pense simplement aux dérèglements climatiques et à la disparition des espèces animales et végétales.

Deuxième exemple : les intérêts composés.

Le deuxième exemple porte sur les intérêts composés (ou capitalisés), ceux qui sont utilisés pour les placements financiers au rendement garanti, comme l'assurance vie. Supposons que vous ayez 100 € et que vous les placiez dans une assurance pour votre retraite. Voyons comment évoluent les intérêts si le capital initial est placé à différents taux d'intérêt pendant 20 ans, sachant que les intérêts d'une année portent eux-mêmes des intérêts à partir de l'année suivante (cela s'appelle « la capitalisation des intérêts). On obtient le tableau des intérêts suivant :

		Intérêts d'un capital initial de 100			
		2 %	3 %	4 %	5 %
Années	5	10,4	15,9	21,7	27,6
	10	21,9	34,4	48,0	62,9
	15	34,6	55,8	80,1	107,9
	20	48,6	80,6	119,1	165,3
	25	64,1	109,4	166,6	238,6

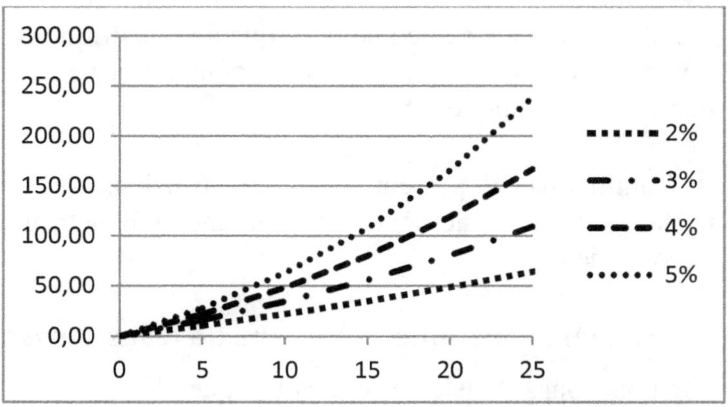

On constate que très rapidement les intérêts dépassent le capital investi. Au taux de 5 % après 15 ans, le placement vaut plus du double du capital initial soit 207,89 € (100 € + 107,89 €). Le doublement du capital initial est obtenu après 20 ans au taux de 4 % et après 25 ans au taux de 3 %. Si la durée est prolongée, la vitesse d'accumulation des intérêts s'accélère encore. Plus le taux d'intérêt est élevé, plus courte est la période nécessaire au doublement du capital.

La conclusion à en tirer est que le phénomène de capitalisation permet d'accumuler les intérêts de plus en plus vite. Par conséquent, ceux qui émettent la monnaie et ceux qui en détiennent voient les intérêts se concentrer chez eux toujours plus vite. La boule de neige roule pour eux ! Leur capital (leur boule de neige) croît à chaque tour (chaque fois qu'ils encaissent des intérêts). L'argent attire l'argent. La fortune (monnaie) a structurellement tendance à s'accumuler chez ceux qui possèdent déjà une fortune. Autrement dit, les riches deviennent plus riches (le capital s'accumule) et les pauvres deviennent plus pauvres (le crédit s'accroît) et seule une politique de redistribution des revenus, via des impôts, peut compenser cet effet purement mécanique.

Continuons à présent avec un troisième exemple portant sur les phénomènes de croissance géométrique ou exponentielle.

Troisième exemple : l'épargne de Jésus-Christ

Supposons, troisième exemple, que Jésus-Christ ait reçu un US $ le jour de sa naissance. Supposons qu'il ait placé cette somme au taux d'intérêt composé de 2 %. A votre avis, combien vaudrait ce $ en 2013 ? (je prends

2013 pour pouvoir comparer avec la statistique de production mondiale de 2013). En 2013, ce $ vaut exactement 205.185.069.986.471.000 $! Rien que les intérêts de l'année 2013 valent 4.023.236.666.401.380 $. Quand on sait que toute la production de la planète en 2013 valait 75.467.066.000.000 US$. Les intérêts de Jésus-Christ pour l'année 2013 dépassent ce que la population mondiale a pu produire cette année-là ! Le capital accumulé par Jésus-Christ vaudrait 2.718 années de production totale de la planète entière alors que nous sommes en 2016 ! C'est évidemment totalement absurde !

Graphiquement, cette accumulation se présente de la façon suivante en l'an 1, l'an 101, 201, etc. :

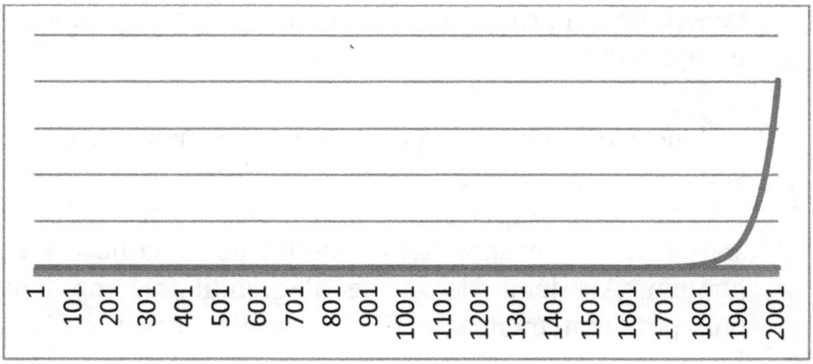

Croissance et limites

Les exemples ci-dessus démontrent que la croissance géométrique dans un milieu fini est une illusion, une illusion dangereuse. Toujours, la boule de neige se casse au fond de la vallée et jamais Jésus-Christ ne pourrait recevoir de tels intérêts parce que la terre entière ne pourrait pas les produire.

Dans la nature, la croissance géométrique infinie n'existe pas, les arbres ne montent pas jusqu'au ciel, les girafes ne dépassent pas six mètres, les éléphants ne pèsent jamais plus de sept tonnes, les hommes ne dépassent pas 2m40, les troupeaux ne grandissent pas à l'infini. Dans la nature, il y a toujours quelque chose qui fait que l'organisme ou le troupeau est empêché de croître au-delà de certaines limites. Ce sont la disponibilité de ressources extérieures telle que la nourriture ou l'eau, la présence d'éléments prédateurs tels que les renards, loups, lions qui, par leurs prélèvements alimentaires, exercent une pression sur la démographie des animaux chassés, le patrimoine génétique qui programme l'être humain pour qu'il atteigne un optimum.

Une évolution naturelle typique se présente de façon suivante, une forte croissance au début du phénomène, ensuite une croissance plus faible et enfin une stabilisation. Pensons à l'évolution de la taille d'un être humain. Au début de sa vie, il grandit très rapidement, puis plus lentement et enfin se stabilise à sa vie d'adulte. L'interaction entre ses ressources extérieures et son patrimoine génétique l'amène à une taille optimale.

Graphiquement, la courbe de croissance d'un être humain se présente comme suit :

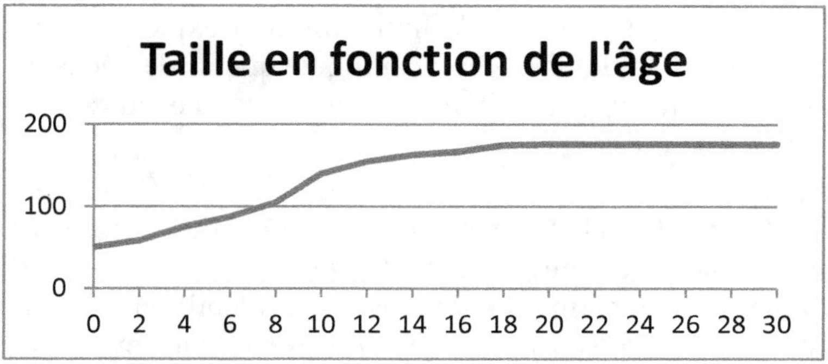

La croissance humaine est très forte pendant une durée brève (l'enfance) puis la vitesse de la croissance diminue et la taille se stabilise à l'âge adulte.

La différence entre les deux types de croissance est flagrante. L'une monte faiblement puis accélère violemment alors que l'autre commence par une croissance soutenue qui se stabilise. La question qui se pose alors est de savoir quelle limite va s'imposer à l'économie monétaire développée par l'homme ? Va-t-il pouvoir stabiliser son économie ? Quels moyens va-t-il mettre en œuvre pour l'empêcher de toujours devoir croître ? Quelles réformes monétaires pourrait-il mener pour atteindre la stabilité économique, l'âge adulte de l'économie ? Aujourd'hui, dans le contexte de la lutte contre les bouleversements climatiques, la production de CO2 et la consommation énergétique doivent être limitées. C'est là, sans doute, l'un des premiers débats universels qui concerne toute l'humanité simultanément. La question est de savoir si nous pourrons, en tant qu'humanité, arriver de manière volontaire au résultat souhaitable ou si la contrainte extérieure s'imposera à nous. Et ce débat sur le CO_2 n'est qu'un débat précurseur d'autres débats qui portent ou porteront sur la limitation de l'exploitation des ressources naturelles. L'imposition de quotas de pêche est, à cet égard, tout à fait représentative de ce qu'il devra arriver pour d'autres ressources.

Pour l'instant, le débat sur le rôle de l'intérêt dans la croissance économique est pratiquement inexistant. Peu de gens, même parmi les économistes, identifient l'intérêt comme un poison inoculé à notre économie et à notre planète. Aujourd'hui pourtant, il semble impossible de mener un débat sur la croissance économique sans aborder la question des limites physiques de la terre et sans aborder la question des déviances du système monétaire dont l'intérêt est, sans doute, la dimension principale.

Intérêt et inflation

En ce qui concerne, les phénomènes économiques et monétaires (et seulement eux), il convient d'y intégrer l'inflation. L'inflation, tout le monde le sait, est la mesure de l'augmentation des prix (ou autrement dit de la dépréciation de la monnaie). Elle est mesurée dans chaque pays par un institut statistique qui enregistre les évolutions de prix d'un panier d'articles censés être représentatifs des produits achetés par une famille moyenne.

Ainsi, pour lorsqu'on dit qu'il y a une croissance de x%, il faut toujours se demander s'il s'agit d'une mesure hors inflation ou inflation incluse. En excluant, l'inflation des mesures économiques et monétaires, on décrit mieux la réalité.

Prenons quelques exemples :

- Votre compte d'épargne rapporte 3 % d'intérêt par an et l'inflation est de 1,2 % par an. Le taux d'intérêt réel de votre compte épargne est de 1,8 % (3 % - 1,2 % = 1,8 %). Votre pouvoir d'achat s'accroît réellement de 1,8 %.
- On annonce que la croissance économique a atteint un taux de 3 % sur l'année et que l'inflation mesurée est de 1,2 % sur l'année. La croissance réelle, qui mesure la croissance en volume, est de 1,8 % sur l'année.
- Vous empruntez une somme au taux d'intérêt de 5 % par an et l'inflation est de 2 % par an. Le taux d'intérêt réellement payé est de 3 %.
- Vous avez conclu votre emprunt hypothécaire il y a 10 ans au taux d'intérêt de 4 % l'an. Depuis lors, l'inflation a été de 2 % par an. Le taux d'intérêt réel que vous versez est de 2 % puisque 2 % sont « mangés » par l'inflation. Au bout de 10 ans, le montant emprunté a dévalué de 21,89 % (soit $1{,}02^{10}$ – l'inflation d'une année venant se surajouter à l'inflation de l'année précédente, les taux d'inflation se multiplient et ne s'additionnent pas)
- Supposons une entreprise qui emprunte une somme à 3 % d'intérêt l'an pendant 5 ans. Au bout de la troisième année, l'inflation passe à 4 % l'an. Son taux d'intérêt réel est négatif de 1 % (3 % - 4 %). C'est-à-dire que le prix qu'elle paie en monnaie dévalorisée est moins cher que celui qu'elle avait emprunté.

Une inflation faible donne l'illusion d'une stabilité des prix, facilite la vie économique et donne confiance dans la monnaie. Une inflation régulièrement basse donne une bonne prévisibilité à l'évolution des prix. Les épargnants ne sentent pas que leur épargne se déprécie légèrement et les emprunteurs voient leurs dettes s'alléger progressivement à mesure que l'inflation progresse.

Autres choses sont l'hyperinflation et la déflation. La première consiste en une augmentation des prix forte et continuelle. Elle perturbe la vie économique, diminue la prévisibilité, engendre des augmentations de prix anticipant une future inflation, engendre l'augmentation généralisée des taux d'intérêt et fait baisser la valeur de la monnaie par rapport aux autres monnaies. La déflation est la baisse continuelle des prix. Ce phénomène est moins connu que le phénomène d'inflation ou d'hyperinflation qui sont relativement courants. Elle est redoutée par la plupart des économistes parce qu'elle susciterait des reports d'achats chez les consommateurs et investisseurs pour bénéficier de prix plus bas. Le report d'achats se traduirait ensuite par une baisse d'activité économique et donc une baisse du volume de production, une baisse des bénéfices, une recherche de désendettement, des défauts de paiement des crédits, annulation de crédits, récession monétaire et donc récession économique entraînant des reports d'achats, etc.

Ce sont les raisons qui font que l'objectif de la Banque centrale européenne (BCE) est d'atteindre un taux d'inflation proche de 2 %. Et non pas 0 %, comme on pourrait s'y attendre en fonction de ses statuts. Pour ce faire, son arme principale dans le cadre de sa politique monétaire est le taux d'intérêt. En le faisant varier à la hausse ou à la baisse, elle peut faire en sorte que les intérêts réels sur les emprunts soient très élevés ou devenir négatifs. En rendant les intérêts réels très élevés, elle dissuade l'investissement et la consommation à crédit et en les rendant négatifs, elle incite à investir et à consommer puisque la charge de remboursement s'allègera automatiquement.

Que retenir sur l'intérêt, la croissance et les limites physiques ?

On retiendra que la question des intérêts, des intérêts composés et de leur liaison à la croissance économique est absolument centrale dans notre société. A elle seule, elle explique l'absolue nécessité d'une croissance économique ininterrompue et le développement du capitalisme ou, autrement dit, à l'accumulation du capital.

Si la monnaie est un puissant catalyseur de l'activité humaine, l'intérêt est lui un puissant accélérateur de cette activité. Les deux, ensemble, ont permis et favorisé la croissance économique, la croissance démographique, la croissance de l'utilisation des ressources naturelles et ce de manière exponentielle. Toujours plus, toujours plus vite !

Les intérêts composés aboutissent arithmétiquement à l'accumulation du capital chez les détenteurs de capitaux. Les riches sont toujours plus riches et les pauvres sont toujours plus pauvres. Seule une politique volontariste de redistribution peut permettre de rééquilibrer les revenus des uns en puisant dans les revenus des autres. Or, ce sont précisément les revenus du capital qui sont les moins taxés sur la planète et qui, donc, participent le moins à l'indispensable redistribution.

La croissance économique cumulée nous fait buter sur les limites de la terre, toutes les terres sont conquises, toutes les ressources sont exploitées. La croissance économique n'est qu'une illustration de tous les phénomènes qui connaissent une croissance géométrique (le crédit, l'épargne de Jésus-Christ), il y a nécessairement, à un moment donné, des limites qui sont atteintes (la boule de neige se casse). La question est donc de savoir quelles sont les limites à notre société, à notre économie ? De récents travaux d'historiens démontrent que l'extinction de beaucoup de civilisations tient au fait qu'elles avaient atteint leurs limites. C'étaient, par exemple, l'épuisement des terres agricoles, la disparition des forêts ou des changements climatiques locaux qui faisaient péricliter une civilisation. Les intérêts, par leur mécanique d'accumulation ont clairement poussé notre économie vers les limites physiques de la terre. Vont-ils nous pousser vers la disparition de notre civilisation ?

Enfin, accessoirement, on retiendra que dans les mesures des phénomènes économiques et monétaires, il faut toujours veiller à faire la part des choses entre la mesure inflation incluse et inflation exclue. Exclure l'inflation (ou la dévalorisation monétaire) de la mesure permet de mettre en évidence la tendance réelle.

5. La face cachée de la monnaie-crédit

Nous avons vu que la monnaie est habituellement créée lorsqu'il y a octroi d'un crédit, soit par la Banque centrale à une banque, soit par une banque à une entreprise, un particulier ou à l'Etat. La monnaie émise est donc une dette. Il y a également création monétaire lorsque la Banque centrale achète directement des titres (obligations des pouvoirs publics, d'entreprises privées ou actions) sur le marché financier. Ce deuxième mode de création monétaire est, en temps normal, accessoire par rapport au premier. On a également vu que la monnaie est détruite lorsqu'il y a remboursement des dettes et lorsque la Banque centrale revend des titres qu'elle détient ou qu'elle en demande le remboursement.

La masse monétaire présente dans une économie provient donc :

- des emprunts des personnes morales, des personnes physiques et de l'Etat auprès des institutions financières,
- des achats de titres par la Banque centrale,
- des émissions monétaires des institutions financières utilisées sur les marchés financiers pour leur compte propre et,
- de la monnaie provenant d'une autre économie avec laquelle notre économie connaît une balance des paiements positive. Dans ce cas, il y a plus d'argent qui entre dans le pays, qu'il n'en sort. Cette monnaie étrangère est convertie en euros par

la Banque centrale et les devises étrangères constituent alors les réserves de change du pays.

Qui est endetté ?

Les dettes dans une économie peuvent être détenues par les acteurs suivants :

- les personnes morales non financières (les entreprises et les associations sans but lucratif),
- les personnes physiques (les particuliers, les ménages),
- les autorités publiques (l'Etat, les régions, etc.) ou,
- les institutions financières pour leurs opérations en compte propre sur les marchés financiers.

Voyons ça plus concrètement. Comparons différents pays et voyons comment se répartissent les dettes entre le secteur public et le secteur privé. Pour faciliter les comparaisons, les dettes sont exprimées par rapport au PIB. Il est intéressant de voir les niveaux de dette entre pays et dans chacun d'eux la répartition entre dette privée et dette publique.

Dette en % du PIB au 31/12/2014 par secteur				
Pays	Secteur privé	Secteur public	Total	Public / Total
Irlande	263 %	107 %	370 %	29 %
Portugal	189 %	130 %	319 %	40 %
Grèce	130 %	178 %	309 %	57 %
Belgique	181 %	106 %	288 %	37 %
Espagne	166 %	99 %	265 %	37 %
Suède	194 %	44 %	239 %	18 %
France	143 %	95 %	238 %	40 %
Autriche	127 %	84 %	211 %	39 %
Finlande	150 %	59 %	209 %	28 %
Allemagne	100 %	74 %	175 %	42 %

Source : Commission européenne – Macroeconomic Imbalance procedure

Schématiquement, on a :

		Dette publique	
		Faible	Forte
Dette privée	Faible	Allemagne Autriche	Grèce
	Forte	Suède Finlande	Irlande Portugal Belgique

La France et l'Espagne connaissent des situations moyennes. Des pays comme l'Irlande, le Portugal et la Grèce sont fortement endettés, leurs dettes représentant plus de trois années de production de leur pays (>300 % du PIB). Intuitivement, on sent que leurs marges de manœuvre sont étroites. Ils sont à la merci d'une hausse des taux d'intérêt alors qu'imposer plus d'impôts à la population endettée semble difficile. L'Allemagne est la moins endettée. Il faut sans doute y voir le reflet de nombreuses années de balance des paiements positive qui ont fait entrer des devises dans le pays, devises qui servent ensuite à financer l'activité économique. La Finlande et la Suède ont un endettement public relativement faible mais l'endettement privé y est relativement élevé.

Dette et finances publiques

La problématique de la dette publique est certainement l'un des sujets les plus discutés dans la presse et dans les milieux politiques. Les procédures relatives au budget annuel, les contrôles budgétaires, la vérification préalable des projets de budget par les autorités européennes, la discipline budgétaire, les commentaires sur les comptes, la procédure de déficit excessif, etc. donnent l'impression qu'il faut être un spécialiste pour comprendre de quoi il retourne. Pourtant, c'est très simple. Voyons ça ensemble.

Dans un budget, d'un côté, il y les recettes, de l'autre côté, il y a les dépenses. Les recettes moins les dépenses donnent le solde budgétaire.

Recettes – dépenses = solde budgétaire

Le solde budgétaire peut être positif (il y a plus de recettes que de dépenses), nul (il y a autant de recettes que de dépenses) ou négatif (il y a moins de recettes que de dépenses). Lorsque le solde budgétaire est négatif, l'Etat doit recourir à l'emprunt pour payer ses dépenses. Cet emprunt constitue une augmentation des recettes et permet de payer des dépenses. On remarquera que le budget est probablement l'acte politique le plus important d'un gouvernement, augmenter/diminuer les impôts, augmenter/diminuer les dépenses, emprunter/rembourser sont des choix politiques fondamentaux qui ont des conséquences sur la population, sur l'activité économique et l'endettement du pays.

Théoriquement, pour financer un déficit, l'Etat pourrait créer de la monnaie ou en emprunter à la Banque centrale. Mais, on a vu que les statuts de la Banque centrale interdisent cette possibilité dans la zone euro. Elle est également limitée dans les autres Etats. Ce serait trop facile ! On a vu dans l'histoire de nombreuses situations où l'Etat, sans règle de gestion précise, dépensait sans compter en passant par « la planche à billets » de la Banque centrale. L'augmentation de la masse monétaire qui s'en est suivie a, dans un premier temps, permis d'augmenter l'activité économique et, dans un second temps, a servi à alimenter la hausse des prix, l'inflation, voire même l'hyperinflation. Rappelons-nous ces exemples célèbres, des assignats en France après la révolution ou du Mark allemand dans l'entre-deux-guerres. Ce sont ces raisons qui ont amené l'interdiction du financement du déficit de l'Etat par émission monétaire. La Banque centrale ne peut pas, dans les conditions actuelles, jouer le rôle de prêteur en dernier ressort pour l'Etat qui l'a créée.

La dette publique se constitue par un processus d'accumulation. Les déficits annuels successifs sont financés par emprunt et les emprunts successifs forment la dette. Parfois, des chocs externes à la volonté de l'Etat, comme une catastrophe naturelle ou le sauvetage de banques en faillite, peuvent l'amener à dépenser plus qu'il ne l'aurait souhaité et, dans ce cas, seul le recours à l'emprunt est possible et augmente encore la dette.

Intuitivement, on sent qu'un excès de dette publique est une chose néfaste. L'accumulation de soldes budgétaires déficitaires va faire gonfler la dette totale et la charge d'intérêt va croître à mesure que la dette grandit. C'est l'effet boule de neige que nous avons déjà vu plus haut. L'Etat doit alors détourner de plus en plus de moyens financiers de ses missions classiques (justice, police, armée, enseignement, infrastructures générales, etc.) vers le remboursement des intérêts et du capital emprunté. La question qui se pose alors est de savoir jusqu'où l'Etat peut aller dans le cumul des déficits pour avoir des finances soutenables et rester un Etat solvable. Les crises des dettes d'Etat, dont celle de la Grèce est la plus récente, sont là pour souligner que ce n'est pas un problème théorique ou une vue de l'esprit.

En fait, il faut savoir qu'un Etat ne diminue jamais sa dette, il la fait rouler. C'est-à-dire que lorsqu'il doit rembourser un emprunt, il emprunte à nouveau le montant nécessaire. Il court alors deux risques :

- un risque de refinancement : il se peut que les prêteurs ne désirent plus prêter à l'Etat. Il se trouve alors dans l'impossibilité de rembourser ses emprunts antérieurs. L'Etat est insolvable. C'est ce qui est arrivé à la Grèce.
- Un risque de taux d'intérêt : le nouvel emprunt est conclu à un taux d'intérêt différent de l'emprunt initial, plus favorable ou moins favorable à l'Etat.

L'Etat doit donc s'imposer des règles de conduite lui garantissant la soutenabilité budgétaire à long terme. Par exemple, au sein de l'Union monétaire européenne, le budget des Etats est soumis au respect des contraintes budgétaires décrites dans le traité sur la stabilité, la coordination et la gouvernance (le TSCG). Celui-ci pose que la dette totale de l'Etat ne doit pas dépasser 60 % du PIB, qu'à défaut le budget doit être équilibré. Il accepte un déficit structurel de 1 % du PIB lorsque la dette est inférieure à 60 % du PIB et de 0,5 % lorsque la dette dépasse 60 %. Il impose également une trajectoire budgétaire telle que l'objectif de 60 % puisse être retrouvé en cas de dépassement de celui-ci. Les Etats se soumettent donc volontairement à cette discipline budgétaire en vue de pouvoir, un, se refinancer et, deux, obtenir un taux d'intérêt favorable. La question est de savoir si cette discipline choisie est réellement un bon choix.

On a vu dans les exemples repris dans le tableau précédent que ce critère d'une dette publique inférieure à 60 % du PIB n'est pas souvent respecté. En 2015, d'après le site internet de l'Organisation de Coopération et de Développement Économiques (OCDE) , le taux d'endettement public par rapport au PIB est de 116,8 % au

Royaume-Uni, de 239,3 % au Japon, de 123 % aux USA, de 107,6 % au Canada et le taux 2015 pour tous les pays mentionnés plus haut est plus élevé qu'en 2014. Le critère de 60 % du PIB semble donc un peu artificiel puisque de nombreux Etats parviennent à se refinancer régulièrement, sans aucune difficulté, en le dépassant allègrement.

Ce n'est pas le cas de tous les pays. La Grèce et le Portugal ont été incapables de refinancer une dette échue auprès des marchés financiers. Nous avons vu plus haut que l'endettement public et l'endettement privé dans ces deux pays étaient très élevés. Les bailleurs de fonds se sont méfiés et n'ont plus voulu prêter à ces pays. Résultat, pour honorer leur remboursement, ils ont dû recourir aux institutions internationales (FMI, la BCE, la commission européenne) et à d'autres Etats pour obtenir de nouveaux crédits. En contrepartie, ils ont dû accepter des politiques d'austérité budgétaire dites « d'ajustement structurel ». L'objectif était d'accorder des prêts à ces pays afin qu'ils puissent faire face à leur remboursement auprès des prêteurs internationaux. Ces nouveaux prêts ne servirent donc pas à financer des missions de l'Etat auprès de la population mais simplement à sauver les banques créancières qui auraient pu être en cessation de paiement dans leurs pays d'origine. Principalement la France et l'Allemagne. Le paradoxe de la situation, on le comprend mieux maintenant que l'on connaît les liens entre masse monétaire et activité économique, est que l'austérité budgétaire se traduit par moins de dépenses et donc entraîne une récession économique, puis le chômage, une moindre dépense des ménages, de moindres investissements des entreprises, moins de production, etc.

Une croissance négative peut se mettre en route et s'accélérer comme une boule de neige inversée.

En fait, les marchés financiers évaluent la soutenabilité de la dette et la capacité de l'Etat à lever des impôts pour faire face au paiement des intérêts. Tant que le taux d'endettement privé n'est pas trop haut et que le taux d'intérêt de la dette publique est inférieur au taux de croissance de l'économie, ils considèrent que la dette publique est soutenable. En effet, tant que la croissance économique et l'inflation sont plus élevées que le taux d'intérêt de la dette publique, l'augmentation automatique des recettes de l'Etat permet d'en payer les intérêts.

Les problèmes surviennent lorsque la relation s'inverse. Lorsque le taux de croissance (y compris l'inflation) de l'économie est plus faible que le taux d'intérêt de la dette. Le pire se présente lorsque la croissance économique est nulle et que les taux d'intérêt montent. Dans ce cas, le poids de la dette peut s'alourdir terriblement vite. Si la population est elle-même déjà fortement endettée ou si elle paie déjà beaucoup d'impôts, les financiers commencent à douter de la qualité de l'Etat et demandent des taux d'intérêt plus élevés ou refusent même de refinancer la dette échue.

Ces contraintes posées, on comprend mieux l'éternelle course à la croissance économique que poursuivent les responsables politiques. On comprend mieux aussi l'objectif d'inflation de 2 % que poursuit la Banque centrale alors qu'a priori un objectif de 0 % d'inflation serait plus conforme à son mandat. Un peu de croissance et un peu d'inflation permettent à la dette de l'Etat et aux autres dettes de se diluer doucement au cours du temps. Avec un peu de recettes budgétaires supplémentaires et une légère dévaluation monétaire, la dette devient relativement plus facile à porter. La croissance et l'inflation forment ensemble l'huile qui permet de graisser les rouages de l'économie et du budget de l'Etat.

Rôle de la dette publique

Vous vous dites sans doute que si cette dette publique coûte si cher, il vaudrait mieux ne pas s'endetter. Sans doute l'Etat vit-il au-dessus de ses moyens ? Cette réflexion est, a priori, assez pertinente. Toutefois, elle doit tenir compte d'un certain nombre d'arguments.

Il semble logique de financer les investissements par des emprunts puisqu'ils vont bénéficier à plusieurs générations, comme par exemple les investissements dans les infrastructures comme les canaux, les autoroutes, les aéroports, les ports, les chemins de fer, les bâtiments de l'administration, les écoles, les hôpitaux, les maisons de retraite.

On peut également comprendre que certaines dépenses augmentent, creusant le déficit, lorsque les circonstances sont adverses. Par exemple, en cas de catastrophe naturelle ou de retournement économique conjoncturel. Dans ce dernier cas, la dépense publique faite en faveur de personnes rencontrant des difficultés est conforme à l'idéal de solidarité, elle favorise la cohésion sociale et le maintien de l'économie. En effet, alors que pendant les périodes de crises économiques, les banques ont plutôt tendance à resserrer le crédit jouant ainsi un rôle néfaste pro-cyclique (puisque la diminution du crédit freine l'activité économique et aggrave le phénomène de crise), la dépense publique supplémentaire a pour effet de maintenir l'activité économique à un certain niveau empêchant la situation de se dégrader encore plus. On dit que la dépense publique, et la dette publique, en particulier ont un rôle positif contra-cyclique.

On doit également se rappeler qu'après la crise financière de 2007-2008, en complément des injections de liquidités par la Banque centrale, les Etats ont dû sauver de nombreuses banques de la faillite en y injectant des liquidités pour leur éviter la faillite. Pour cela, ils durent emprunter des sommes gigantesques sur les marchés financiers et creuser leur déficit. On constate que dans ce cas, l'endettement des banques insolvables a été résolu en créant un endettement public. On a bouché le trou creusé par les banques en creusant le trou de la dette publique. On a sauvé l'épargne des citoyens en creusant la dette à charge des contribuables !

La question de l'endettement public n'est donc pas réductible à des niveaux d'endettement mais doit être également abordée du point de vue de sa qualité. La règle d'or en matière budgétaire qu'il faudrait appliquer est qu'il faut éviter des déficits pour couvrir des dépenses courantes et que les investissements publics amortissables en plusieurs années doivent être financés sur plusieurs années. Bien sûr, les investissements publics doivent être pertinents du point de vue économique, social et environnemental.

Le poids de la dette publique

Le site internet de l'Organisation de Coopération et de Développement Économiques (OCDE) nous permet d'établir des comparaisons pays par pays du poids des intérêts de la dette publique par rapport à l'ensemble des dépenses de l'Etat central, il est également possible d'obtenir le poids de la dette de l'ensemble des administrations publiques et institutions assimilées (y compris la sécurité sociale). Dans le cadre de ce livre, on reprend la charge de la dette de l'Etat central. Les dernières données disponibles porte sur l'année 2013. Les montants sont en millions d'euros, sauf pour la Suède où ils sont en millions de Couronnes.

Pays	Dépense totale des administrations publiques (en millions)	Intérêts versés (en millions)	Poids de la dette (%)
Irlande	67.345	7.644	11,35 %
France	487.691	40.363	8,28 %
Suède	1.167.352	29.129	2,50 %
Finlande	57.737	2.459	4,26 %
Espagne	230.242	30.906	13,42 %
Belgique	120.938	11.659	9,64 %
Portugal	63.961	8.520	13,32 %
Autriche	106.469	7.716	7,25 %
Grèce	*Non disponible*		
Allemagne	373.963	33.140	8,86 %
	2.686.241	171.226	6,37 %

On constate que les intérêts de la dette représentent facilement 8 à 10 % des dépenses de l'Etat avec des pointes allant jusqu'à 13 % et des exceptions (nordiques) de 2,50 %. Autrement dit, 8 à 10 % des impôts versés à l'Etat, qui servent à financer l'Etat, ne servent à payer que les intérêts de la dette.

Les revenus d'intérêt dans l'économie nationale

Le paiement des intérêts par les uns constitue le revenu des autres. Il est intéressant de comparer l'ensemble des revenus de la dette (les intérêts reçus) au revenu total d'un pays. Le même site internet de l'OCDE nous permet de retrouver pays par pays la somme des revenus d'intérêts ainsi que le PIB (produit intérieur brut) qui constitue la mesure du revenu du pays.

Pays	Revenus d'intérêt (1)	PIB (2)	(1) / (2)
Irlande	43.206	179.448	24,1 %
France	224.757	2.116.565	10,6 %
Suède	282.236	3.769.909	7,5 %
Finlande	10.667	202.743	5,3 %
Espagne	119.338	1.031.272	11,6 %
Belgique	39.265	392.699	10,0 %
Portugal	25.274	170.269	14,8 %
Autriche	24.859	322.878	7,7 %
Grèce	*n.d.*	180.389	0,0 %
Allemagne	305.413	2.820.820	10,8 %
Total	1.075.015	11.186.992	9,6 %

n.d. : Non disponible

On constate que les revenus d'intérêt représentent 9,6 % des revenus dans cet échantillon et atteignent facilement 10 %, sauf pour la Suède et la Finlande. La France et la Belgique sont assez proches puisque les revenus d'intérêt représentent 10 % et plus de l'ensemble des revenus du pays mesuré par le PIB. Avec ce chiffre, on mesure le poids de la charge d'intérêt dans l'économie nationale. Pour avoir une mesure tout à fait précise par pays, il faudrait corriger les revenus d'intérêt et y retrancher les intérêts perçus de l'étranger et y ajouter les intérêts versés par le pays à l'étranger. Malheureusement ces informations ne sont pas disponibles. A ce stade, gardons à l'esprit que les revenus d'intérêt représentent quelque 10 % des revenus. Cela signifie, qu'en moyenne, dans chaque produit et service acheté (y compris les services publics), il y a une charge d'environ 10 % d'intérêts. Si ces intérêts n'existaient pas, les produits et services seraient, en moyenne, 10 % moins chers. Par conséquent, même si vous n'avez pas un euro de dette, vous payez des intérêts cachés. Chaque produit, chaque service que vous achetez a nécessité de la monnaie, donc du crédit dont le coût s'élève en moyenne à 10 % du prix total.

Intérêts payés par l'Etat dans la somme des intérêts perçus

Il est également intéressant de se pencher sur ce que représentent les intérêts payés par l'Etat dans l'ensemble des revenus d'intérêt perçus sur le territoire national. Les intérêts payés par l'Etat constituent-ils une petite part ou une grosse part des revenus d'intérêt perçus dans le pays ? Autrement dit, le service de la dette de l'Etat est-il accessoire ou central dans l'ensemble des dettes ? Le site Internet de l'OCDE permet également de retrouver ces informations.

Pays	Intérêts payés par l'Etat central 2013	Revenus d'intérêt	Intérêts payés par l'Etat / revenus d'intérêt
Irlande	7.644	43.206	17,7 %
France	40.363	224.757	18,0 %
Suède	29.129	282.236	10,3 %
Finlande	2.459	10.667	23,1 %
Espagne	30.906	119.338	25,9 %
Belgique	11.660	39.265	29,7 %
Portugal	8.521	25.274	33,7 %
Autriche	7.716	24.859	31,0 %
Grèce	Non disponible		
Allemagne	33.140	305.413	10,9 %
Total	171.538	1.075.015	16,0 %

Dans notre échantillon, on constate que les intérêts payés par l'Etat central (hors administrations locales, régionales et services de sécurité sociale) représentent 16 % des intérêts perçus dans l'économie nationale (non corrigés des intérêts perçus de /versés à l'étranger). Par conséquent, 84 % des revenus d'intérêt proviennent d'autres sources que du budget de l'Etat central. Mais ce sont l'Allemagne et la Suède, pays à faible dette publique, qui tirent le chiffre de l'échantillon vers le bas. Si on fait abstraction de ces deux pays, la part des intérêts payés par l'Etat dans les revenus d'intérêt monte à plus de 22 %. Parfois même, les revenus de dette provenant de l'Etat représentent plus de 30 % des revenus d'intérêt. La dette publique constitue donc une source considérable de revenus pour les détenteurs de cette dette.

Le poids du secteur financier dans l'économie

Une autre information intéressante est de mesurer l'importance du secteur financier dans l'économie. Pour mesurer cette importance, on prend le total du bilan des banques qui reprend l'ensemble des prêts accordés aux secteurs public et privé national et étranger. Il contient également les détentions d'actifs pour compte propre.

En particulier, ici, on prend trois mesures :

- on rapporte le capital investi par les actionnaires au total du bilan des banques. Cela permet de voir combien d'euros les actionnaires immobilisent dans la banque par centaine d'euros au bilan. Plus le ratio capital/total bilan est élevé, plus la banque est solvable. C'est une sécurité pour les clients.
- On rapporte le total du bilan sur le capital investi, c'est une mesure inverse complémentaire à la précédente. On mesure ainsi de l'effet de levier. Plus le levier est important, moins bien la banque supporte des éventuels non-remboursements de

crédit mais plus elle est rentable puisqu'elle accorde plus de crédits (autrement dit, elle crée plus de monnaie) avec un capital initial moindre. Ce sont les banques les moins bien capitalisées qui ont l'effet de levier le plus grand. C'est un avantage (risqué) pour les actionnaires.

- on rapporte le total du bilan des institutions financières d'un pays au PIB de ce pays, ce qui nous donne une première, grossière, mesure du risque représenté par les banques en cas de faillite. Plus le ratio est élevé, plus le risque est grand pour ce pays

Pour l'année 2014, on a les chiffres suivants en milliards d'euros (voir page suivante)

Pays	Capital et reserves (1)	Total du bilan des institutions de crédit (2)	PIB (3)	(1) / (2) (en %)	Effet de levier (2) / (1)	Ratio Bilan/PIB (2) / (3) (en %)
Irlande	111	1.080	185	10,3 %	9,7	584 %
France	524	8.177	2.142	6,4 %	15,6	382 %
Suède	74	1.247	429	5,9 %	16,8	291 %
Finlande	29	579	204	5,0 %	20,0	284 %
Espagne	336	2.973	1.058	11,3 %	8,8	281 %
Belgique	63	1.102	402	5,7 %	17,6	274 %
Portugal	58	469	173	12,3 %	8,1	271 %
Autriche	83	880	329	9,5 %	10,6	267 %
Grèce	74	398	179	18,5 %	5,4	222 %
Allemagne	465	7.802	2.904	6,0 %	16,8	269 %
	1.815	24.707	8.005	7,3 %	13,6	309 %

Source : ECB – monetary statistics – MFI balance sheets.

L'analyse de l'effet de levier montre que la Belgique (17,6), la Finlande (20,0), la Suède (16,8) et l'Allemagne (16,8) ont les effets de levier les plus importants. La France (15,6) suit de près. Dans ces pays, avec ces ratios, on dépasse l'effet de levier maximal théorique de 12,5 que nous avons vu au début de cet ouvrage, alors que dans d'autres pays, l'effet de levier est moindre. Le secteur financier y est moins risqué mais sans doute moins rentable.

L'analyse du ratio bilan/PIB, montre que la situation de l'Irlande (584 %) semble très précaire. Les banques françaises ont également un bilan très élevé par rapport au PIB (382 %) mais la relative faiblesse de l'endettement public de la France lui permettrait de faire face à une crise financière provenant du secteur financier. L'Allemagne est dans une situation plus confortable alors que la Grèce a un secteur financier relativement petit.

Dette et crise financière

Dans l'histoire des banques et de la finance, il y a eu de nombreuses crises financières. Les plus célèbres sont la crise de la tulipe aux Pays-Bas dans les années 1630, l'écroulement de la banque de John Law en 1720 en France, la crise des assignats après la révolution française, le krach de Wall Street en 1929.

Des crises sont donc réapparues régulièrement, toutefois, depuis 1971, la fréquence de ces crises a fortement augmenté, krach d'octobre 1987, crise immobilière au Japon fin des années 1980, la crise des pays asiatiques fin des années 1990, la crise russe de 1998, la crise des dotcoms au début des années 2000, la crise des subprimes en 2007-2008 qui a failli faire retourner l'économie mondiale au moyen-âge en quelques mois et, probablement, la crise de l'exploitation des pétrole et gaz de schiste aux USA en 2016 ou 2017 si le prix du baril de pétrole se maintient à des niveaux faibles.

Elles se sont toutes déroulées suivant un scénario similaire. Le point commun à toutes ces crises, c'est l'explosion du crédit et de la masse monétaire qui a précédé la période de crise. On dirait qu'à un moment donné l'histoire financière s'accélère, on se prend de passion pour une révolution technique, une découverte, des matières, une région économique ou des nouveaux produits financiers. Ces nouveautés semblent devoir modifier l'avenir de manière radicale. Par exemple, les tulipes allaient faire la fortune des détenteurs de bulbes ou celle des actionnaires de l'industrie technologique (chemin de fer, internet) censés révolutionner la façon de produire, de se déplacer, de communiquer. Partant de cette heureuse perspective, les investissements dans ces secteurs se multiplient. C'est la phase d'euphorie. Le ciel est la limite ! De nombreux crédits sont accordés à des personnes désirant investir dans ces secteurs et la masse monétaire croît rapidement. Les entreprises elles-mêmes sont avides de crédit que les banquiers ont du mal à refuser. Vous pensez, ils pourraient rater l'opportunité du siècle ! Les effets de levier sont alors très importants. Les cours de bourse montent vertigineusement jusqu'au moment où… certains commencent à douter. Le début de la déglingue est là, les cours commencent à flancher, le nombre de vendeurs augmente et la chute des prix s'accélère jusqu'au krach. Le secteur bancaire enregistre de plus en plus d'impayés. Les bilans des banques commencent alors à prendre mauvaise allure, elles se retrouvent avec des crédits non remboursés et des garanties qui ne valent plus rien. Si, à ce moment-là, les banques s'inquiètent mutuellement de leur état de santé et ne se prêtent plus de liquidités via le marché interbancaire ou si les épargnants s'inquiètent et qu'ils désirent venir retirer « leur » épargne, l'arrêt de mort des banques est signé. C'est ce qu'on appelle le « bankrun ». Tout le monde court à la banque chercher « son » argent. Pour honorer les demandes de remboursement, elles doivent alors vendre des actifs dans la précipitation, ce qui accroît la vitesse de la débâcle boursière. Elles risquent fort d'être à court de liquidités que, bien sûr, les autres banques ne leur prêteront pas, étant elles-mêmes à la merci d'une déconvenue. La méfiance s'installe alors entre elles. Il ne reste plus alors que la solution du prêteur en dernier ressort. La Banque centrale intervient, elle crée de la monnaie en prêtant les sommes nécessaires au secteur bancaire pour qu'il puisse assumer les demandes de remboursement. La crise peut alors s'arrêter mais… les liquidités injectées par la Banque centrale vont aller quelque part. Les prix de certains actifs financiers vont remonter et… la bulle financière suivante se prépare.

Que retenir sur la dette ?

On retiendra de ce chapitre sur la dette que dans un système de « monnaie-crédit », toute la monnaie est de la dette et rien que de la dette. Tous sont endettés ! Les autorités publiques, les particuliers, les entreprises, dans leur ensemble, sont endettés. Le secteur privé, en particulier les entreprises, l'est bien plus que le secteur public. Le total des dettes, mesuré par la somme des dettes publiques et privées représente entre deux et trois fois le PIB.

Les Etats sont endettés. Certains, comme la Grèce, le sont proportionnellement bien plus que d'autres, comme la Suède. Dans le système monétaire actuel, les Etats ne peuvent pas se financer par emprunt auprès de la Banque centrale. La monétisation directe de la dette par la Banque centrale est interdite. Ce qui n'empêche pas celle-ci de parfois racheter la dette publique aux banques qui l'ont souscrite initialement. On a vu que les Etats ne remboursent jamais leur dette, ils la font « rouler ». C'est-à-dire qu'ils empruntent pour rembourser les emprunts arrivés à échéance. Ils se présentent donc régulièrement sur les marchés financiers pour trouver les liquidités dont ils ont besoin. A cette occasion, ils assument le risque de financement et le risque de taux. Les marchés financiers font, à ce moment-là, leur évaluation de la soutenabilité des finances publiques. Si leur évaluation est négative, ils ne prêtent plus d'argent à l'Etat demandeur. Celui-ci risque alors d'être en défaut de paiement. Ce fut le cas de la Grèce récemment. Dans le même temps, les nouveaux emprunts souscrits ne se font pas nécessairement au même taux d'intérêt que les emprunts échus. Là encore, les marchés financiers évaluent la qualité de l'Etat et les risques de non-remboursement avant de fixer un taux d'intérêt. Avec le paradoxe que plus l'Etat est fragile, plus le taux d'intérêt sera élevé, accroissant ainsi sa fragilité. Le renouvellement de la dette échue est donc l'occasion pour les marchés financiers de sanctionner la politique menée dans les Etats. Cela leur donne un poids important dans le processus de décision politique. Un poids que d'aucuns jugent excessif et... non démocratique.

Dans l'Union économique et monétaire, la zone euro, une politique visant à piloter et coordonner les politiques budgétaires des Etats a été mise en place. En l'absence de solidarité entre les Etats et de budget commun, les Etats membres ont souscrit un pacte de stabilité visant à contenir leurs déficits et dettes publiques. L'idée est simplement de se dire que si chacun évite des déficits excessifs, personne ne devra faire preuve de solidarité. Aucun Etat ne sera tenté de faire plonger ses chiffres dans le rouge en espérant que d'autres paieront à sa place. En pratique, le critère principal exigeant que la dette publique soit limitée à 60 % du PIB est largement bafoué sans que cela ne pose le moindre problème de financement. On est d'ailleurs en droit de se poser la question de savoir comment ce critère a été défini. Toujours est-il que la procédure de déficit excessif prévue par ce pacte autorise la sanction des Etats contrevenants. Il s'agit donc d'un renoncement volontaire des Etats membres à la souveraineté nationale au nom de l'efficacité économique promise par l'introduction de l'euro. Pourtant, lorsqu'on voit l'état de l'économie, on peut légitimement se poser la question de la pertinence de ce renoncement de souveraineté. Là encore, on voit que le critère financier, « l'efficacité économique » a primé sur la souveraineté et donc... sur la démocratie.

On a également vu que la soutenabilité de la dette est déterminée par la comparaison entre son taux d'intérêt et le taux de la croissance économique. Si le taux de croissance économique est supérieur au taux d'intérêt de la dette alors la charge de la dette va automatiquement s'amoindrir. Dans ce cas, le rendement de l'impôt progresse rapidement et procure des ressources monétaires nouvelles à l'Etat. Ce même résultat peut être atteint avec de l'inflation puisqu'elle aussi permet un accroissement plus rapide des rentrées fiscales et donc un allègement relatif de la charge de la dette. Dès lors, on comprend que pour les acteurs politiques, la recherche de la croissance économique salvatrice est une préoccupation constante. La dette, et plus particulièrement, le taux d'intérêt qu'elle porte, constitue pour le monde politique, une puissante motivation à la recherche de la croissance dont on sait par ailleurs qu'elle nous précipite vers la catastrophe écologique.

Le poids des intérêts de la dette publique représente de l'ordre de 8 à 10 % des dépenses des autorités publiques. Cela signifie que 8 à 10 % de nos impôts et taxes servent à payer des intérêts. Et ces sommes payées en intérêts représentent, dans notre échantillon de pays, 16 % de l'ensemble des revenus d'intérêts perçus par la population et montent parfois jusqu'à plus de 30 %. Ce n'est pas négligeable, c'est une source importante de revenus pour les détenteurs de cette dette. Il est légitime de se poser la question de savoir comment faire diminuer cette charge qui pèse sur la collectivité alors qu'elle profite exclusivement aux détenteurs de capitaux et aux banques et qu'elle est génératrice de croissance insoutenable. Il s'agit clairement d'un processus de redistribution inversée des revenus. La population dans son ensemble, à travers ses impôts, verse des rentes au profit des détenteurs de capitaux et des banques. Il convient de se poser la question de la légitimité de ce prélèvement financier sur le bien commun par quelques-uns.

On pense évidemment à faire disparaître la dette. Mais, dans un système de « monnaie-crédit », cette disparition est illusoire et dangereuse. D'autant que la dette publique est utile. Elle sert à financer des investissements collectifs utiles, des routes, chemins de fer, écoles, hôpitaux, maisons de retraite, canaux, etc. et elle sert à assurer une certaine cohésion sociale de la société via l'augmentation automatique des dépenses sociales lors des crises économiques. La dette a un effet contra-cyclique sur la conjoncture. C'est exactement l'effet inverse des banques dont le rôle est essentiellement pro-cyclique. Quand tout va mal, l'Etat augmente ses dépenses, il s'endette et, par conséquent, il soutient l'économie. Alors que, quand tout va mal, les banques diminuent leurs crédits, elles détruisent de la monnaie, elles entretiennent ou accélèrent le mouvement de retrait économique. Inversement, quand la conjoncture croît l'Etat diminue ses dépenses et freine l'accélération alors que les banques accélèrent l'expansion en accordant plus de crédits.

A la fin de ce chapitre nous nous sommes penchés sur les poids de la sphère financière sur l'économie. Et on a constaté que la dette, publique ou privée, n'est jamais que l'effet d'un puissant effet de levier. Que les banques, avec 1 € investi en prêtent 13,6 en moyenne. Il y a donc 12,6 € qui circulent qui ont été créés à partir de... rien. 12,6 € de monnaie garanti par les gages que les emprunteurs apportent. Gages qui reposent uniquement sur l'espoir d'un revenu futur supérieur à celui d'aujourd'hui. Et donc d'une croissance économique à venir. Dans notre échantillon de pays, le total des bilans des banques fait plus de trois fois le PIB. En cas de déroute financière d'une banque importante, seuls l'Etat ou une banque encore plus grande peuvent intervenir et la sauver. La stabilité financière des banques est un enjeu politique, et donc démocratique, de première importance et il est permis de se demander si le système monétaire actuel, malgré les réformes prudentielles menées ces dernières années, permet de garantir cette stabilité.

On a vu que les crises financières n'étaient pas rares, qu'elles avaient même plutôt tendance à se multiplier depuis 1971 en répétant, sans cesse, le même scénario. Engouement pour un produit, une technologie, une zone géographique ; ensuite effet d'euphorie pour cette nouveauté qui va révolutionner le monde ; développement excessif de crédits en vue de financer le développement de la nouvelle mode ; gonflement de la bulle spéculative ; apparition de doutes sur ce miracle ; début des ventes d'actifs ; éclatement de la bulle financière ; institutions de crédits en difficultés ; injection de liquidités par la Banque centrale et éventuellement sauvetage par l'Etat (par l'emprunt) et développement d'une nouvelle bulle. Mais aujourd'hui, les Etats n'ont plus les moyens de sauver de grandes institutions financières, ils sont déjà endettés dans des proportions telles que le poids de la dette constitue une charge importante sur la population dans son ensemble.

6. La monnaie en territoire inconnu

Etrange période que la période monétaire actuelle ! Taux d'intérêts négatifs sur les dépôts des banques privées auprès de la Banque centrale ; assouplissement quantitatif sans précédent, octroi de crédits à 0 % par la BCE aux banques commerciales. L'argent est gratuit et toutes les théories classiques présentées dans les pages précédentes se révèlent fausses (au moins temporairement) !

La boussole monétaire et financière tourne fou. Tous ont perdu leurs repères classiques. Les épargnants se désespèrent de voir fondre les intérêts sur leur épargne. Bientôt, il faudra payer pour déposer son argent en banque, celles-ci comptent déjà de plus en plus de frais de gestion. Certains analystes conseillent déjà de se rabattre sur l'or et l'argent qui ne rapportent pas d'intérêt mais qui, au moins, gardent leur valeur. Les assureurs vie et les fonds de pension s'inquiètent de devoir bientôt servir des rentes de retraite à taux d'intérêt garanti alors que leurs placements en emprunts d'Etats ne leur rapportent pratiquement plus rien. Leur solvabilité risque, à terme, d'en prendre un fameux coup et certains d'entre eux sont condamnés à disparaître dans des restructurations sectorielles visant à comprimer les coûts de gestion. Les emprunteurs, dont les Etats, bénéficient de taux d'intérêts bas jamais vus auparavant. Les bourses ont été à la fête ces dernières années mais les cours boursiers oscillent dangereusement. Elles ont l'oreille tendue à l'affut d'une bonne ou mauvaise nouvelle en provenance des Banques centrales. Il suffit que ces dernières parlent de remonter leurs taux d'intérêt pour que les cours boursiers des actions et des obligations plongent dangereusement.

Ne sommes-nous pas entrés en territoire monétaire et économique inconnu ? Que se passera-t-il lorsque la Banque centrale entamera son rétrécissement quantitatif ? Aura-t-elle seulement la possibilité de retirer toute la monnaie qu'elle a émise pour sauver les banques et l'économie de la perdition ? La croissance économique reviendra-t-elle ? L'inflation reviendra-t-elle ? Nous explosera-t-elle à la figure subitement ? Les économistes, les législateurs, les Banques centrales sont à la recherche de la stabilité financière mais elle semble introuvable. Peut-être le modèle monétaire actuel est-il arrivé au bout de sa vie ? Peut-être son modèle de fonctionnement basé sur le crédit et l'intérêt a-t-il atteint ses limites ? Personne n'est capable aujourd'hui de répondre à ces questions, nous sommes en territoire monétaire inconnu. Peut-être sommes-nous, à nouveau, dans la situation décrite par Edouard Husson et Norma Palma qui, se référant aux discours des partisans de la monnaie métallique, disaient « *Nous n'aurons pas besoin de réexpliquer, ..., les dysfonctionnements d'un régime monétaire où le papier-monnaie ne s'appuie sur aucun référent métallique. Il revient, ..., à confondre la monnaie et le crédit ; rapidement la quantité de monnaie émise n'est plus contrôlée, permettant à tous les acteurs du système (Etats, Banques centrales, institutions financières) de couvrir un endettement massif ; la fin des régimes de papier monnaie est toujours catastrophique* »[5]

---

[5] Edouard Husson, Norman Palma, « *Le capitalisme malade de sa monnaie* », pp. 56-57

7. En synthèse

Il est temps de conclure, de synthétiser nos constats, de ramasser nos idées et de les mettre en perspective pour essayer de voir ce que devrait être, ou ne pas être, un bon système monétaire conçu dans l'intérêt général.

Sur l'émission monétaire

Au cours de l'histoire, les premières monnaies sont des céréales. C'est un système monétaire basé sur l'actif le plus précieux dans une société agricole et où l'émetteur de la monnaie est l'agriculteur lui-même. Ensuite sont arrivées les pièces de monnaie, émises par les Souverains qui leur ont accordé le cours légal et qui ont décrété que le paiement de l'impôt ne pouvait se faire qu'à l'aide de pièces. Ce faisant, ils obligeaient chacun à s'intégrer à la circulation monétaire et la société devient un système d'échanges qui fonctionne entre les personnes par le biais d'un bien intermédiaire reconnu de tous qui permet de « mesurer » la valeur des choses. L'introduction de la pièce de monnaie a pour effet de favoriser la division du travail, le commerce et le développement de sociétés expansionnistes.

Ensuite, étape majeure dans l'histoire de la monnaie, la monnaie fiduciaire est inventée. Dans un premier temps, la monnaie fiduciaire est intégralement couverte, à 100 %, par des stocks d'or détenus dans les coffres des banques. A l'origine, l'émission de billets atteste du dépôt de métal précieux dans les coffres des banques. Dans un second temps, les banques ont constaté que les déposants ne venaient pas reprendre leur or, ils préféraient utiliser les billets qui étaient plus commodes. Les banquiers ont alors émis des billets surnuméraires qui n'étaient pas couverts par de l'or. Ils avaient l'occasion de le faire puisque selon toute probabilité tous ne viendraient pas rechercher leur or en même temps. La monnaie émise n'est plus couverte par de l'or qu'à 90 %, puis progressivement à 80 %, puis à 70 %, etc. A partir de ce moment, c'est la confiance en la banque qui devient le garant de son fonctionnement. Qu'adviennent des doutes sur la bonne santé de la banque et les détenteurs de billets accourent retirer leurs dépôts qui, compte tenu de l'émission surnuméraire, ne peuvent être honorés et mettent la banque en cessation de paiement et donc en faillite. Avec cette surémission de billets, malhonnête dans son essence, basée sur une appréciation statistique, on assiste au développement du crédit. Le volume monétaire devient un multiple de la base monétaire constituée par l'or en réserve. Les crédits étaient accordés à des emprunteurs qui les investissaient dans des entreprises diverses, à charge pour eux de rendre la somme empruntée augmentée d'un intérêt.

Ultérieurement, l'émission de billets s'est faite également en contrepartie d'autres gages que l'or. La création de la Banque d'Angleterre a été justifiée par un prêt octroyé au Roi pour aller guerroyer. Le remboursement du prêt et des intérêts devant se faire sur le dos des perdants de la guerre. Ces billets, gagés non plus sur de l'or mais sur la dette de l'Etat, ont circulé comme moyen de paiement. Les utilisateurs étaient rassurés sur la qualité des billets puisqu'ils étaient gagés sur les revenus futurs du Royaume. C'était le début de la dette publique. Les principes de l'émission monétaire moderne étaient mis en place avec la « monnaie-crédit » où l'émission de billets propres à une banque se fait au moment où elle accorde un crédit qu'elle espère rentable. On entre alors progressivement dans un régime de monnaie temporaire où la monnaie est créée au moment de l'octroi d'un crédit et détruite lors du remboursement du crédit. Ce mécanisme de financement a été tellement efficace que le modèle de la Banque d'Angleterre a été copié partout au monde. Il a donné à ce pays les moyens de se développer et de se constituer un Empire. Les banquiers et la finance commencent alors à jouer un rôle central dans l'économie et dans la conduite du pays. Le réel pouvoir d'émission monétaire est, de fait, transféré des souverains vers les banques et les droits de seigneuriage, dérivés de l'émission monétaire, suivent le même chemin privant ainsi les souverains d'une importante ressource financière. Dans le même temps, on se rend compte que le crédit augmente considérablement le niveau d'efficacité de la monnaie. Il est un multiplicateur de la base monétaire et les premiers économistes ont immédiatement établi une liaison entre la taille de la masse monétaire et le niveau d'activité économique. L'augmentation du crédit permet d'accélérer l'activité économique alors que la contraction du crédit la freine. La monnaie et le crédit forment un puissant catalyseur de l'activité humaine capable de mobiliser l'inventivité, l'énergie et le dynamisme des humains, y compris pour des guerres. En moins de trois siècles, l'humanité a produit plus de biens et services que dans toute son histoire antérieure au profit d'une population humaine qui a connu une croissance exponentielle en passant de 650 millions d'individus vers 1700 à plus de 7 milliards aujourd'hui. La finance a permis d'élever le niveau de vie de millions de personnes au prix d'une partie de l'humanité exploitée dans des conditions de travail indignes. Dans le même temps, l'efficacité monétaire a abouti à l'épuisement quasi généralisé des ressources minérales de la planète et des ressources renouvelables (poissons, forêts, eau douce, etc.). Enfin, le réchauffement climatique, la perte de biodiversité et la disparition de nombreuses ressources naturelles font peser les plus graves hypothèques sur l'avenir de l'humanité et interrogent la durabilité de notre modèle économique basé sur le crédit et les intérêts. La répétition de phases de crises économiques et financières et de périodes d'euphorie est le signe de l'extrême instabilité du système économique.

Actuellement, 90 % de la monnaie est émise par les banques commerciales et 10 % par les Banques centrales. Le processus d'émission monétaire a été presque complètement privatisé. On a vu que le capital immobilisé par les actionnaires pour couvrir le montant de l'émission monétaire représentait à peu près 7 % de son total avec un effet de levier de plus de 13. On est loin de la couverture initiale de 100 % par de l'or. Les risques encourus par le secteur bancaire sont énormes et sa liquidité faible. La moindre rumeur de difficultés peut faire flancher la plupart des banques qui, comme la crise de 2007-2008 l'a démontré, sont totalement sous-capitalisées. Depuis lors, les autorités ont obligé les banques à renforcer (un peu) leurs fonds propres. Elles ont également mis en place des mécanismes de résolution de crise qui font intervenir différents intervenants successivement en cas de faillite bancaire, les actionnaires en priorité, un fonds de garantie commun au secteur et, ensuite, les fonds des déposants. Enfin, elles ont augmenté la surveillance du secteur en transférant la supervision bancaire vers les Banques centrales. Mais fondamentalement, elles n'ont pas changé le fonctionnement du secteur financier qui constitue toujours un danger pour la stabilité économique.

La question qui se pose aujourd'hui est de savoir à qui attribuer le privilège d'émission monétaire.

- Doit-il ressortir du domaine public ? Si oui quelle est l'autorité ou les autorités qui doivent recevoir ce privilège ? La Banque centrale uniquement ? D'autres autorités publiques d'émission ?
- Doit-il ressortir du domaine privé ? Si oui, quelles institutions privées pourraient-elles émettre de la monnaie ? Les banques commerciales uniquement ? D'autres émetteurs que les banques commerciales ?
- Doit-on partager le privilège d'émission entre le domaine privé et le domaine public ?

On verra dans le chapitre consacré aux propositions monétaires qu'il existe différentes possibilités qui présentent des intérêts divers. Mais toutes ces propositions se caractérisent par une forme de reconnaissance de la monnaie comme un bien commun, comme une convention entre tous qui forme contrat social. Selon toutes ces solutions, le bénéfice de l'émission monétaire doit intégralement retourner au groupe pour lequel le système monétaire est mis en place. Cela signifie que la configuration actuelle, où l'émission monétaire bénéficie au seul secteur bancaire, est largement rejetée.

Sur les intérêts

Le mécanisme des intérêts explique à lui seul l'absolue nécessité d'une croissance économique ininterrompue simplement parce que, du point de vue macro-économique, le paiement des intérêts échus implique nécessairement des émissions monétaires supplémentaires. Ce qui implique de nouveaux projets financés… à crédit. C'est ce qu'on a appelé l'effet boule de neige. On pourrait également parler de pyramide de Ponzi où les emprunts des premiers emprunteurs sont remboursés grâce aux emprunts des nouveaux emprunteurs. Cela a des conséquences absolument désastreuses sur la cohésion sociale et sur la planète.

- Sur la cohésion sociale parce que les intérêts aboutissent arithmétiquement à l'accumulation du capital chez les détenteurs de capitaux et à l'accroissement des inégalités. Les riches encaissent toujours plus d'intérêts alors que les classes moyennes et pauvres en paient toujours plus contribuant ainsi à creuser le fossé entre les gens. De même, les pays riches encaissent toujours plus d'intérêts à charge des pays pauvres contribuant ainsi à creuser le fossé entre les nations.
- Sur la planète parce que la croissance économique cumulée nous fait buter sur les limites de la terre. Toutes les terres sont conquises, toutes les ressources sont exploitées, le réchauffement climatique est en cours et la biodiversité disparaît à une vitesse alarmante.

Les intérêts se cachent partout. Tous, nous en payons, même sans nous en rendre compte. Dans la dette publique, ils représentent 8 à 10 % des dépenses des autorités, ce qui signifie que 8 à 10 % de nos impôts et taxes ne servent à payer que des intérêts. De même, les frais financiers représentent plus de 10 % des coûts de l'ensemble des produits et services que nous achetons. Au total, nous avons également vu que les intérêts de la dette publique peuvent représenter jusqu'à 30 % de l'ensemble des revenus d'intérêt dans un pays. C'est dire que les rentes constituées au profit des détenteurs de capitaux sont financées à hauteur de 30 % par des sommes payées par l'Etat, donc par nos impôts.

L'intérêt sur la dette publique

On en vient à présent à se demander si l'intérêt sur la dette publique est légitime et moral. Est-il légitime et moral qu'un Etat doive payer des intérêts sur le crédit qu'il reçoit alors que celui-ci consiste, essentiellement, en une création ex nihilo de monnaie par les banques ? Payer des intérêts sur la construction des hôpitaux, des maisons de retraite, des écoles, des crèches, des routes, etc. est-ce normal et moral ? N'est-on pas là face à une forme de taxation à rebours, une taxation de l'Etat par le secteur financier au profit de ses actionnaires et détenteurs de capitaux ? N'est-ce pas profondément choquant ?

Si l'Etat devait rembourser sa dette, on sait que l'économie se contracterait dans une proportion désastreuse. Sa dette est donc bénéfique et il est parfaitement légitime de financer par emprunt les investissements bénéficiant à plusieurs générations. Pourtant cette dette, contractée dans l'intérêt public, est sanctionnée. On lui fait porter un intérêt supporté par la collectivité au profit de quelques-uns. N'est-ce pas là profondément immoral ?

Et, en y réfléchissant un peu, on retombe toujours sur les vieux arguments justifiant l'intérêt :

- L'argument du risque. La banque d'Angleterre avait été fondée pour financer le Roi et… sa guerre. Le but était que le Roi gagne la guerre et ramène un butin dont une partie aurait servi à rembourser le montant emprunté et à dédommager les prêteurs des risques encourus. Si le Roi avait perdu, ils n'auraient plus rien retrouvé. L'intérêt est légitimé par les risques encourus. La guerre est hasardeuse, le prêteur prend un risque et il est rémunéré pour ce risque. C'est compréhensible. Mais aujourd'hui, on n'en est plus là. On ne finance pas des guerres avec de l'or mais des hôpitaux avec de l'argent venu de rien. Quel est le risque encouru par le prêteur ? Où est le hasard ? Nulle part ! Ce n'est donc pas au nom du risque que l'intérêt sur les prêts au secteur public se justifie. Vous répondrez que des pays comme la Grèce, l'Islande, l'Argentine ont fait défaut sur leur dette. C'est correct. Mais faut-il justifier le paiement d'intérêt par tous alors que seuls quelques pays font défaut. De plus, si on analyse leurs défauts, on se rend compte que ces défauts se sont produits au moment du renouvellement de la dette (risque de financement), les prêteurs ont étranglé ces Etats. Enfin, si leur dette leur avait été accordée sans intérêt, la charge de la dette n'aurait pas été un problème ! Le défaut de paiement des Etats est donc un argument qui plaide pour la suppression de l'intérêt sur la dette publique plutôt que pour son maintien.

- L'argument du temps. Classiquement on dit que l'intérêt rémunère le temps pendant lequel le prêteur ne peut jouir de son argent. On a vu que l'argent prêté est créé au moment du prêt. Mis à part quelques épargnants, personne ne se prive de son argent. Donc l'intérêt ne rémunère pas ou pas uniquement le temps pendant lequel l'épargnant renonce à son argent.
- L'argument de la dépréciation monétaire. On dit également que l'intérêt sert à couvrir la dépréciation monétaire, l'inflation. Cela paraît être une justification correcte et légitime. Mais dans ce cas, il suffirait de faire des prêts indexés sur l'inflation qui garantirait la stabilité du pouvoir d'achat de la monnaie prêtée. Et, il conviendrait de se poser la question de savoir si dans un système monétaire sans intérêt, l'inflation ne pourrait pas être réduite. En effet, le mécanisme des intérêts qui enclenche une spirale d'émissions pour rembourser les émissions antérieures est lui-même générateur d'inflation puisque, comme on l'a vu, l'augmentation de la masse monétaire conduit à une dépréciation monétaire (à de l'inflation).

Hormis la dépréciation monétaire et, accessoirement, dans certaines situations, l'argument du temps, aucun argument fort ne légitime l'intérêt sur la dette publique.

De plus, le prélèvement d'intérêts sur la dette empêche le secteur public de mener à bien des politiques absolument indispensables. En effet, le poids de la dette et les normes budgétaires visant la réprobation du déficit excessif empêchent les Etats de financer de meilleures retraites, d'investir dans des politiques de transition énergétique, de restauration de la biodiversité ou de développement des activités non marchandes. Ces politiques forment pourtant les grands défis de nos sociétés occidentales contemporaines. Mais à ce stade, l'autorité publique ne possède pas les moyens de relever ces défis.

Un système monétaire basé sur l'intérêt est intrinsèquement incapable de financer les activités non marchandes. Il n'est pas conçu pour ça. Rappelons-nous au travers de l'histoire de la monnaie que la banque a toujours été conçue comme un moyen de financer une spéculation quelconque, un commerce, une industrie ou une guerre dans l'espoir que cette spéculation rapporte plus qu'elle ne coûte et que le financier puisse en retirer une part du profit. Dans le contexte contemporain, les services non marchands aux personnes ou aux collectivités se sont fortement développés, soins médicaux, soins aux personnes âgées, écoles, crèches, formation professionnelle, création et entretien de réserves naturelles, de musées, etc. Il s'agit d'activités utiles socialement, exercées dans le prolongement des services publics et dont l'objectif n'est pas spéculatif. Elles sont financièrement non rentables. Pourtant, comme les activités purement commerciales, ces activités ont également besoin de financements, pour financer leur trésorerie ou leurs investissements. Or, à partir du moment où ces activités ne visent pas à dégager un profit, il leur est impossible de payer les intérêts qu'exige tout banquier. Ce qui fait qu'elles ne trouvent pas ou peu de financement. Fût-ce auprès des banques éthiques, elles aussi soumises à des impératifs de rentabilité minimale ! La seule solution pour ces activités est d'obtenir des autorités publiques des subventions leur permettant d'assumer leur financement ou de financer ; comble d'ironie ; ... les intérêts bancaires. Et on en revient alors à la justification morale de l'intérêt appliqué au financement de la dépense publique ! En l'absence de solution de financement adéquate, ce type d'activités est condamné à ne pas se développer. Pourtant, tout le monde convient que ce sont là des secteurs économiques indispensables pour mieux vivre et restaurer l'environnement au cours du XXIème siècle.

En finale, invariablement, on en revient toujours à s'interroger sur le bien-fondé de la règle qui veut que la Banque centrale ne finance pas le déficit de l'Etat. Pourtant, selon moi et d'autres, la Banque centrale pourrait très bien financer le déficit de l'Etat en lui octroyant des prêts par création monétaire. Le taux d'intérêt n'aurait pas d'importance puisque, par définition, tous les bénéfices de la Banque centrale retournent à l'Etat. Faire payer un intérêt à l'Etat sur les sommes qu'il emprunte à la Banque centrale c'est comme lui dire de transférer de l'argent de sa poche gauche à sa poche droite. Ça n'a pas de sens. Toujours est-il que la monétisation de la dette est interdite depuis les années 70, c'est-à-dire depuis l'époque où les crises financières se sont multipliées et où les déficits de l'Etat se sont accumulés.

L'intérêt sur les projets privés

Et l'intérêt sur les prêts au secteur privé ? Vous avez compris que, pour moi, l'intérêt prélevé sur le bien public et le secteur non marchand, que j'assimile au bien public, est injustifiable et parfaitement immoral. Vous avez sans doute remarqué que je n'ai pas parlé de l'intérêt appliqué aux prêts accordés au secteur privé. Est-il condamnable ou non ? Pour moi, seul l'intérêt prélevé sur le bien commun constitue une forme de spoliation de tous par quelques-uns et est, à ce titre condamnable. L'intérêt prélevé sur l'emprunt destiné à réaliser un projet privé ne me paraît pas condamnable. Le prêteur prend bien un risque qui mérite une rémunération, si le prêt est accordé sur base d'une épargne constituée et non sur base d'une création monétaire ex nihilo, il semble normal d'accorder une rémunération qui peut également servir à couvrir l'inflation. Donc, à ce stade-ci de ma réflexion, je ne vois pas de raison de condamner l'intérêt sur le prêt accordé pour la réalisation de projets privés. Le seul argument qui pourrait être retenu est, me semble-t-il, le fait que l'intérêt induit une nécessité de croissance économique qui, aujourd'hui, est devenue dommageable aux conditions de vie de l'humanité. Ce point mérite une réflexion plus approfondie. Néanmoins il me semble que dans un contexte où le financement du bien commun serait assuré par le biais d'une émission monétaire publique, fut-ce sous forme de prêt sans intérêt, accordé aux autorités politiques par la Banque centrale, il y aurait une pression à la baisse de l'inflation et donc une pression à la baisse sur les taux d'intérêt. Avec des taux d'intérêt structurellement bas, la nécessité d'une croissance économique forte disparaît, ce qui devrait être favorable à un meilleur respect de l'environnement.

La monétisation de la dette publique

La seule solution susceptible de financer de manière durable les politiques publiques semble être la monétisation de la dette publique et le versement intégral des bénéfices du droit de seigneuriage[6] au domaine public. Aujourd'hui, du fait que l'émission monétaire est pratiquement intégralement confiée aux banques commerciales, les intérêts et les bénéfices du droit de seigneuriage leur sont pratiquement intégralement acquis. Ce qui constitue un bénéfice accordé au secteur privé basé sur le bien public. Encore une fois, est-ce moral ?

Alors, pourquoi interdire la monétisation de la dette publique ? Il ne faut pas chercher loin l'explication. La raison la plus simple est la plus évidente, le secteur financier désire conserver les bénéfices de cette dette. Pourtant, ce n'est pas la raison la plus communément évoquée dans la littérature. En réalité, la littérature regorge de toutes sortes d'exemples démontrant que la monétisation de la dette aboutit à de l'inflation, voire à de l'hyperinflation. On fait alors référence au Zimbabwe, à l'Allemagne de l'entre-deux guerres ou même à la crise des assignats à la révolution française. Et ces exemples, totalement avérés, se comprennent aisément grâce à la théorie quantitative de la monnaie que nous avons vue précédemment. Une injection de monnaie dans le système économique sans avoir une augmentation proportionnelle

[6] Le droit de seigneuriage est le bénéfice qui est retiré de l'émission monétaire.

des livraisons de produits et services se traduit par une augmentation des prix, c'est-à-dire l'inflation.

On évoque alors la mauvaise gestion publique. Les décideurs politiques, inquiets d'être réélus, utiliseraient l'argent gratuit pour mener à bien des projets sans autre intérêt qu'électoral. Ils investiraient dans des projets parfaitement inutiles, ce qui se traduirait par une mauvaise allocation des ressources financières, des charges de remboursements inutiles et donc, en finale, à un fonctionnement économique loin de l'optimum. En finale, la monétisation de la dette ferait le lit préparant le retour de l'ogre communiste. Un Etat qui disposerait de moyens financiers colossaux pourrait racheter toute l'industrie et ainsi, collectiviser toute l'économie. Ce serait la mort de l'économie libérale et… du capitalisme.

L'aspect parfois caricatural de ces critiques ne doit pas nous empêcher de les prendre en considération. En définitive, l'essence de la critique tient au fait qu'il faut empêcher le politique de faire n'importe quoi avec le pouvoir d'émission monétaire. Ne pas émettre de la monnaie dans un volume trop important, le faire pour des projets porteurs d'avenir, ne pas l'utiliser en vue de nationaliser des industries et commerces qui fonctionnent très bien sans son intervention. En définitive, c'est un peu du bon sens. Ce bon sens qui a été oublié au Zimbabwe et pendant la révolution française, moments d'intenses émissions monétaires. Je ne reviendrai pas ici sur le cas de l'Allemagne où il me semble que d'autres facteurs, tel que le remboursement des dommages de guerre de la première guerre mondiale ont joué un rôle important dans la politique monétaire. Toujours est-il qu'il me semble étonnant de constater que cette critique est adressée uniquement aux autorités politiques. Ne peut-on pas adresser la même critique aux banquiers, auteurs de la crise de 2007-2008, qui ont abusé de leur pouvoir d'émission monétaire ? Ne faites pas n'importe quoi avec votre pouvoir d'émission monétaire ! N'émettez pas de monnaie dans des volumes trop importants ! Faites-le pour des projets porteurs d'avenir plutôt que pour de la spéculation financière !

D'autant qu'à l'heure actuelle, après les conséquences de la crise de 2007-2008, cette interdiction de monétisation de la dette publique est contournée par les grandes Banques centrales mondiales, Etats-Unis, Japon, Europe, Royaume-Uni. En effet, lorsqu'elles ne monétisent pas directement la dette de leurs Etats respectifs, ces Banques centrales rachètent de la dette publique sur le marché secondaire. Les Etats émettent leur dette qui est, d'abord, achetée par les investisseurs et qui est, ensuite, rachetée par la Banque centrale qui injecte ainsi de grandes quantités de monnaie centrale dans les économies afin de les relancer. A ce jour, cette politique de création monétaire passant par le relais des banques n'a donné aucun résultat concret si ce n'est la montée de la valorisation des marchés boursiers. Par exemple, aucun grand projet de la transition énergétique n'a été entamé en Europe.

Compte tenu du respect d'un certain nombre de garde-fous, dont le respect de la règle d'or en matière budgétaire, il semble que la monétisation de la dette publique soit une voie prometteuse. Elle permettrait de réduire les coûts de l'Etat de 8 à 10 % et lui permettrait de trouver les moyens de financer l'indispensable transition énergétique et écologique de notre société.

Le rôle des Banques centrales

Tout cela souligne la relative inefficacité des Banques centrales. Par exemple, elles ne peuvent pas simultanément poursuivre l'objectif d'inflation et empêcher les bulles spéculatives sur les marchés financiers et/ou immobiliers. Leurs outils sont pauvres, elles ne possèdent que l'arme des taux d'intérêt et des réserves obligatoires. Elles n'ont aucun pouvoir de réglementation en matière de crédit et le législateur s'en préoccupe peu. On pourrait, par exemple, imaginer modérer le crédit selon les circonstances en imposant des ratios de fonds propres par rapport au total prêté pour limiter l'effet de levier. On pourrait imposer des limites de charge de remboursement par rapport aux revenus des emprunteurs ou encore obliger les emprunteurs à apporter un pourcentage minimal de fonds propres dans leurs projets.

Les taux d'intérêt que les Banques centrales appliquent sur le marché monétaire ne couvrent que le court terme et n'ont d'effets que lorsque les banques ont besoin d'un refinancement auprès de la Banque centrale. En théorie, la politique des taux d'intérêt influence le prix du crédit et donc son volume. En pratique, on constate que la transmission de la politique monétaire vers l'économie réelle est très imparfaite. Jamais aucune Banque centrale n'a pu empêcher une crise financière de survenir. Tout au plus, par leur pouvoir d'injecter des quantités illimitées de monnaie peuvent-elles en atténuer les conséquences en rétablissant immédiatement la liquidité des banques. C'est leur rôle de prêteur en dernier ressort, qui les oblige à fournir les liquidités en quantité souhaitée par les banques au moment où elles en ont besoin. La Banque centrale n'a pas le choix, elle doit livrer les liquidités. Tout au plus peut-elle décider du taux d'intérêt auquel elle les livrera. Les Banques centrales sont ainsi devenues le pompier, l'ambulancier et le médecin de l'instabilité économique et financière plutôt que d'en être le gardien. Ce ne sont pas les Banques centrales qui pilotent la masse monétaire mais bien les banques. D'ailleurs, elles ont renoncé à poursuivre tout objectif de contrôle de la masse monétaire pour privilégier l'objectif d'inflation. Le paradoxe veut que cet objectif soit atteint sans leur intervention. En effet, depuis une dizaine d'années, nous sommes dans un contexte de faible inflation due à la mondialisation du commerce qui entraîne une baisse des prix à l'importation et une pression à la baisse sur les salaires.

Cette relative inefficacité est également soulignée par les politiques d'assouplissement quantitatif et de taux d'intérêt extrêmement faibles, proches de zéro (c'est-à-dire d'octroi d'argent gratuit aux banques), qui ne parviennent pas à relancer l'économie parce que les Banques centrales ont les banques commerciales pour unique interlocuteur et que celles-ci se préoccupent d'abord, et c'est tout à fait légitime de leur point de vue, de leurs bilans et de leurs dividendes avant de s'occuper du bien commun.

En finale, l'image du Banquier central en prend un coup. Cette espèce de figure mythique placée au-dessus de la mêlée ne paraît plus infaillible et l'étendue de son pouvoir paraît bien faible face à la puissance de la finance. Les règles du jeu de l'émission monétaire, le rôle des Banques centrales et de leur indépendance devraient être réinterrogés. La focalisation sur un objectif d'inflation, le désintérêt de la question du chômage, l'interdiction de la monétisation de la dette de même que la relative indépendance des Banques centrales par rapport au politique sont des sujets qui devraient être abordés. De même, il faut envisager la restitution du monopole de l'émission monétaire à la Banque centrale et le versement intégral du droit de seigneuriage à l'Etat tels qu'ils ont été prévus par de nombreuses Constitutions nationales avant l'invention de la monnaie scripturale.

De la dictature financière à la démocratie monétaire

En définitive, on devrait s'interroger sur nos priorités. Alors que nous postulons tous, plus ou moins explicitement, que la terre est notre maison, que la société des hommes peut s'y épanouir en la respectant et que le système économique et financier est là pour répondre aux besoins des hommes, on en vient à se demander si ce n'est pas exactement la relation inverse qui existe ?

N'est-ce pas le système financier et monétaire qui impose ses contraintes de croissance infinie au système économique qui lui-même s'impose aux hommes et à la nature ? Les exigences financières ne sont-elles pas trop importantes ? N'imposent-elles pas une rentabilité folle des investissements ? Une exploitation outrancière des hommes, des machines et de l'environnement ? N'impose-t-il pas des taux de croissance insoutenables ?

Aujourd'hui, tous se plient à aux exigences financières :

- Les Etats endettés sont dans une position d'extrême faiblesse vis-à-vis du secteur financier. En quête permanente de nouveaux financements, les Etats font tout pour satisfaire la finance : règles fiscales accommodantes, recherche de la compétitivité, diminution des droits sociaux, privatisation de pans entiers de services publics, mise en place de règles supranationales d'autolimitation des déficits et d'interdiction de monétisation de la dette, indépendance de la Banque centrale par rapport au monde politique. Les financiers peuvent, à tout moment, décider d'arrêter tout refinancement, comme ils l'ont fait pour la Grèce, ou décider d'appliquer des taux d'intérêts disproportionnés aux Etats. Ceux-ci n'ont pas la possibilité de réagir. Ils ne pourraient le faire qu'en soumettant et en contraignant la Banque centrale, c'est-à-dire en reprenant le monopole de l'émission monétaire. Aujourd'hui, l'emprise de la finance sur les Etats est totale.
- Les entreprises sont également soumises aux contraintes financières. Elles ne reçoivent de financement que si le taux de rendement des fonds investis est supérieur à celui que les banques

peuvent obtenir en prêtant sans risques aux Etats. Cette pression se traduit par une course à la rentabilité dont on a vu qu'elle se traduit par une restructuration permanente des outils de production, par la délocalisation de secteurs économiques entiers vers les pays à bas salaires, par la mise au chômage de travailleurs, ici et par l'exploitation des travailleurs, là-bas, tous victimes de la course effrénée au profit.

- La planète est également soumise à la pression financière. Toutes les ressources sont exploitées, les ressources non renouvelables ont quasiment disparu en moins de 300 ans de développement industriel ; nombre de ressources renouvelables sont en réel danger de disparition sans plus de possibilité de se renouveler ; la planète connaît un réchauffement qui deviendra très problématique dans les prochaines décennies et de nombreuses espèces animales et végétales rendant, gratuitement, de nombreux services écologiques sont en voie de disparition. La pression sur la planète n'est pas tenable.

En conclusion, la finance s'impose à présent dans tous les compartiments de notre société. Au vu des éléments montrés, ne peut-on conclure en affirmant qu'il s'agit bien d'une dictature financière ?

Poser la question, c'est y répondre. Or, la seule arme contre la dictature, c'est la démocratie. Et la seule arme contre la dictature financière, c'est la démocratie monétaire. C'est le libre choix par la société des hommes du système monétaire qu'elle entend mettre en place dans la recherche du bien commun. La monnaie forme contrat social entre ses utilisateurs, ce sont ses utilisateurs qui doivent définir ce qu'ils désirent utiliser comme moyens d'échanges. Ce ne peut-être le Souverain ou le banquier qui définissent le système monétaire. On l'a vu, ils le détournent systématiquement à leur profit. Et comme la démocratie ne va pas sans information claire sur les enjeux, la raison de ce livre se trouve là. Informer de ce qui a existé, de ce qui existe et faire le point sur les alternatives possibles. C'est là l'objet du chapitre suivant de ce livre.

Deuxième Partie : Vers la démocratie monétaire

1. Pour un système monétaire idéal

« Loin d'être le simple medium fonctionnel des échanges, comme le veut la théorie économique la plus bas de plafond, la monnaie est un objet qui exprime et renvoie à la totalité sociale, et dont la nature est profondément politique, au sens le plus élevé du terme. »

Frédéric Lordon, La malfaçon, Monnaie européenne et souveraineté démocratique

Il est temps à présent de partir à la recherche ou d'inventer un système monétaire qui nous conviendrait mieux, un système monétaire qui réponde aux nombreuses objections que nous avons soulevées jusqu'à présent, un système monétaire qui puisse aussi nous garantir un certain niveau de confort à l'avenir.

Ce système monétaire doit :

- favoriser la stabilité économique et financière,
- être neutre vis-à-vis de l'ensemble des acteurs,
- favoriser le bien commun et le service public,
- autoriser le crédit et,
- contenir l'inflation et les taux d'intérêt.

Ce qui signifie qu'il est préférable d'utiliser des monnaies permanentes plutôt que des monnaies temporaires sujettes aux variations conjoncturelles, que le droit d'émission monétaire doit être contrôlé démocratiquement pour éviter les abus, que les fonctions d'intérêt général puissent être financées à partir d'une émission monétaire dûment contrôlée.

Il convient de placer un cadre à notre réflexion nous permettant d'examiner systématiquement les différentes dimensions monétaires que nous avons abordées jusqu'ici de manière empirique. Pour formaliser ce cadre, j'utilise une grille d'évaluation des dimensions monétaires qui m'a été inspirée par la typologie de B. Lietaer et M. Kennedy que j'ai associée à celle de R. Douthwaite. Elle porte sur différentes dimensions monétaires qui chacune imprime une caractéristique à la monnaie. Et, comme vous le savez maintenant, les caractéristiques données à la monnaie s'expriment dans l'organisation de la société qui l'utilise.

L'émetteur de la monnaie

Nous avons vu que la monnaie profite d'abord à son émetteur, historiquement au Souverain et, actuellement, au banquier. Dans nos propositions monétaires, nous accorderons une importance capitale à la dimension « Identification de l'émetteur de la monnaie ». Est-ce l'Etat ou des organismes financiers ou les citoyens eux-mêmes ? Quelle est la nature de l'émetteur ?

L'objectif de la monnaie

Quelle est l'intention de l'émetteur de la monnaie ? Pourquoi cet acteur veut-il introduire ce moyen de paiement ? Nous avons vu que loin d'être un outil neutre de paiement au service de la population, la monnaie sert d'abord un objectif politique. Asseoir le pouvoir du Souverain, faire des profits, asseoir le pouvoir de la finance sur la société. On peut imaginer d'autres objectifs favorisant le bien commun ou le mieux-vivre ensemble, financer des meilleurs services publics, favoriser le commerce local, financer la transition énergétique et écologique, financer les soins aux personnes âgées.

La permanence monétaire

On a vu qu'avec le métallisme nous avions une monnaie relativement permanente dont la circulation est réduite par la thésaurisation, qu'avec le blé nous avions une monnaie périssable et qu'avec la monnaie-crédit nous avons une monnaie conjoncturelle et temporaire créée et détruite à la vitesse des octrois et remboursements de crédit. En application du lien qui existe entre le volume monétaire et l'activité économique, une économie stable se caractérise par un volume monétaire stable. Par conséquent, le système monétaire idéal devrait tendre vers l'émission d'une monnaie permanente permettant d'éviter les successions de périodes d'emballements et de crises financières.

L'intérêt

L'une des questions absolument centrales est la question des intérêts. La monnaie émise est-elle ou non porteuse d'intérêts ? Pour le secteur public ? Pour les épargnants ? Pour les emprunteurs ? Cet intérêt peut-il être négatif ? On a vu les bienfaits que les intérêts peuvent apporter pour dynamiser une économie, aider les banques à sélectionner les projets les plus rentables et pousser la croissance économique. Mais on a aussi vu leur impact désastreux sur les politiques publiques, sur les entreprises, les travailleurs et sur l'environnement. Dans tout design monétaire, on accordera une importance primordiale à la question de l'intérêt. Mais il apparaît que le système monétaire idéal rejettera la logique de l'intérêt prélevé sur le bien commun et donc sur les investissements publics.

La souveraineté

A travers la monnaie s'exprime la souveraineté. Ce n'est pas par hasard que les souverains aiment à s'afficher sur les pièces et les billets. On a vu qu'à certains endroits ou moments de l'histoire la souveraineté et la souveraineté monétaire, en particulier, étaient perdues. Les pays colonisés ont toujours dépendu de la monnaie émise dans le pays colonisateur. Après la seconde guerre mondiale, nous sommes entrés dans le règne du dollar et il s'utilise partout sur la planète, lui donnant un avantage incontestable. Avec l'euro, les pays européens ont renoncé à une partie de leur souveraineté au profit d'une souveraineté supranationale partagée qui impose ses propres règles. Certains pays, des pays faibles, sont expropriés de fait de leur monnaie, le commerce interne s'y déroule dans une monnaie étrangère sur laquelle ils n'ont aucun contrôle. Cela les met dans une situation de dépendance à l'égard de l'économie « mère ». La guerre d'indépendance des Etats-Unis vis-à-vis du Royaume-Uni s'explique en grande partie par l'impossibilité d'émettre de la monnaie localement aux Etats-Unis. La Grèce a été coincée entre les financiers, d'une part, les Etats européens et la Banque centrale d'autre part. Elle n'était pas maîtresse de sa monnaie, elle a dû capituler sur tous les enjeux. C'est dire si la souveraineté monétaire est un enjeu politique primordial qui s'exprime au niveau national mais également aux niveaux international, régional, voire même local. Un système monétaire idéal repose sur une monnaie totalement souveraine.

La convertibilité monétaire

On a vu que certaines monnaies étaient convertibles en or ou en argent (monnaie métallique) ou adossées à des dettes (monnaie-crédit). La monnaie idéale doit-elle être convertible en or ou être adossée à des dettes ? On a vu les avantages et les inconvénients du métallisme et de l'adossement à des dettes. Peut-on imaginer une monnaie non convertible et non-adossée ? Une monnaie qui serait simplement conventionnelle, qui ferait simplement contrat entre les hommes ?

Les fonctions de la monnaie

La monnaie peut remplir trois fonctions, elle sert :

1. de moyen de paiement ou d'échange,
2. de réserve de valeur comme outil d'épargne et
3. d'unité de compte qui permet l'enregistrement correct des prix.

On peut imaginer des monnaies qui couplent ou dissocient les fonctions. Par exemple, l'unité de compte de nombreux comptes d'épargne retraite, de SICAVs ou de sociétés est « la part ». On dit, « je détiens autant de parts » de la SICAV et non « je détiens autant d'euros ». L'unité de compte et réserve de valeur ici est « la part » qui est ensuite convertie en euros au cours du jour. De nombreuses propositions monétaires dissocient la fonction de paiement des autres fonctions. Elles voient la monnaie comme un simple outil de paiement, les autres fonctions étant attribuées à une autre unité. Ce n'est pas neuf, cela a été le cas dans le passé avec la livre Tournois qui ne servait que comme unité de compte en comptabilité alors que la livre Parisis circulait. Un taux de change était établi entre les deux sortes de livres. L'avantage de la séparation entre moyen de paiement et instrument de réserve est que l'on peut faire porter des intérêts à l'instrument de réserve sans devoir en faire porter à l'instrument de paiement qui devient ainsi un instrument neutre.

L'efficacité monétaire

Le critère ultime d'appréciation d'une monnaie est de savoir si elle fonctionne, si elle circule, si elle est acceptée par de nombreux utilisateurs. Une magnifique monnaie idéale qui n'est utilisée par personne, n'est pas une monnaie, c'est un concept monétaire. La dimension relative à l'efficacité de la monnaie est primordiale. Atteint-elle une masse critique suffisante ou a-t-elle une masse potentielle suffisante pour attirer des utilisateurs ? A-t-elle suffisamment d'utilisateurs ? Des échanges suffisamment nombreux ? Couvre-t-elle un territoire, une population et un nombre de transactions suffisants pour assumer ses coûts de gestion (coûts d'émission, de maintien du système, frais de change éventuels, etc.). N'oublions pas que l'euro, monnaie supranationale, s'est bâti uniquement sur ce critère d'efficacité et sur la disposition d'un grand marché ouvert.

Le réalisme monétaire

Il convient également d'apprécier le réalisme de toute proposition monétaire, de voir dans quelle mesure elle a une probabilité de s'imposer face ou à côté du système monétaire actuel.

A regarder notre grille d'analyse, on se rend compte que, malgré l'intelligence de l'humanité, notre système monétaire est largement impensé. On a l'impression qu'il s'est développé par une suite d'essais et erreurs, d'avancées faites par les uns ou par les autres en fonction de leurs intérêts propres. Mais, qu'à aucun moment, on ne s'est arrêté pour prendre le temps de réfléchir à ce que doit être un système monétaire idéal fonctionnant dans l'intérêt général et pour le bien commun. C'est ce que nous allons faire maintenant.

Armés de notre meilleure connaissance de l'histoire de la monnaie, du crédit, de l'intérêt, du mode d'émission des monnaies et de notre grille d'analyse, on peut maintenant mieux suivre le débat monétaire en étant parfaitement conscient qu'un certain type de monnaie entraîne un certain type de société. Nous pouvons poursuivre une réflexion sur le type de monnaie et de système financier qu'il est souhaitable de construire dans l'intérêt de l'humanité et de la planète.

Afin d'alimenter notre réflexion, il est utile d'embrasser un large panorama de différentes propositions et expériences monétaires menées à l'heure actuelle à travers le monde. Elles pourront nous servir de source d'inspiration. Néanmoins, il n'est pas possible d'en faire un inventaire exhaustif tant la diversité est grande. C'est pourquoi, je vais structurer ma présentation sur des regroupements en familles sur base de la qualité de l'émetteur de la monnaie. Le choix de cette classification est basé sur le fait que la qualité de l'émetteur imprime littéralement une qualité et une intention à la monnaie. Je distingue trois grandes familles de monnaie, la famille des monnaies émises par des institutions financières privées, la famille des monnaies émises par les Etats et les autorités publiques et la famille des monnaies émises par les personnes privées, physiques et morales.

2. Monnaies émises par les banques

Dans la famille de monnaies émises par les banques, on retrouve les monnaies actuelles, l'euro, le dollar, le yen, etc. Ces monnaies ont toutes les mêmes caractéristiques générales. Nous ne reviendrons ici que sur l'euro bien que le dollar US, comme monnaie de réserve mondiale, mériterait qu'un chapitre entier lui soit consacré. Cette problématique excède l'ambition du présent ouvrage et en alourdirait excessivement le contenu.

L'euro, monnaie unique

Commençons donc par une analyse de l'euro. On l'a vu, l'euro comme monnaie unique à plusieurs Etats a été conçu pour favoriser le commerce, unifier les marchés de capitaux, diminuer les frais de change, fluidifier le commerce dans sa zone. C'était l'objectif explicite de ses fondateurs et cela n'a pas fait débat à l'époque. D'ailleurs, l'euro y réussit très bien. Comme monnaie commerciale, il est porteur de l'ensemble des inconvénients identifiés plus haut : nécessité de croissance économique infinie, dette publique, dette privée, dégâts environnementaux. Aujourd'hui, la zone euro se caractérise par une faible inflation, très éloignée des 2 % désiré, et un politique monétaire unique pour des pays de la zone se trouvant dans des situations économiques divergentes. La zone connaît des risques d'éclatement parce qu'il n'est pas possible d'adapter les taux de change entre les pays.

De manière synthétique, on a :

Monnaie	L'euro, monnaie unique
Emetteur	Banques commerciales à 90 %
Objectif	Monnaie commerciale, favorise le commerce et l'industrie, vise le profit, ne vise pas le bien commun
Permanence	Monnaie-crédit, monnaie temporaire, conjoncturelle, émise et détruite en fonction des crédits accordés, sujette à des crises financières récurrentes
Intérêt	Porte des intérêts
Souveraineté	Est émis dans son territoire d'utilisation et est une monnaie de réserve internationale. Est une monnaie supranationale pour laquelle la souveraineté a été déléguée à la Banque centrale européenne – indépendante des Etats membres.
Convertibilité	Non convertible en or, adossée à des dettes, c'est une monnaie-crédit.
Fonctions	Moyen de paiement, réserve de valeur et unité de compte
Efficacité	Très grande efficacité appuyée par un système financier performant
Réalisme	Réaliste, c'est le système actuel

L'euro, monnaie commune

Frédéric Lordon[7], directeur de recherche au CNRS, et Jacques Mazier[8], professeur d'économie, proposent de conserver l'euro comme monnaie commune plutôt que comme monnaie unique et d'instaurer des dénominations nationales de cet euro (des euro-francs, des euro-lires, des euro-marks, etc.) dont les parités seraient fixées. Pour le commerce international hors zone euro, seul l'euro commun serait convertible. Les euro-francs, euro-marks, etc. ne seraient donc pas convertibles en $, £, ¥ ou autres monnaies. La conversion entre euros nationaux serait possible via la Banque centrale européenne uniquement. Le cas échéant, notamment en vue de rétablir l'équilibre structurel des balances des paiements des Etats, la parité entre dénominations nationales de l'euro pourrait être revue selon un processus politique et/ou automatique[9] entre Etats membres entérinant la nécessité de réévaluer ou de dévaluer l'une ou l'autre dénomination nationale par rapport à l'euro commun. Cette « politique des balances

---

[7] Frédéric Lordon, « La malfaçon, Monnaie européenne et souveraineté démocratique », Editions Les liens qui libèrent, mars 2014, 287p.

[8] Jacques Mazier, « le futur de l'euro » dans « Changer l'€urope », pp. 311-335

[9] Par exemple, une dénomination nationale serait réévaluée (dévaluée) de X% si le solde de sa balance des paiements dépasse ± Y% de son PIB. Ceci en vue de faire disparaître les soldes structurellement positifs ou négatifs. L'équilibrage constant des balances courantes vise, indirectement, à mettre en place un mécanisme de cohésion économique entre toutes les composantes de l'euro.

courantes », est inspirée des travaux du célèbre économiste J.M. Keynes qui avait proposé un système similaire au niveau mondial au sortir de la seconde guerre mondiale.

Les avantages de la proposition est qu'elle conserve une parité fixe entre les dénominations nationales, ce qui permet de garder la sécurité des changes sans faire augmenter les coûts des transactions. Puisque le change est assuré par la Banque centrale à un taux réglementé, la spéculation monétaire n'est pas possible[10] et la politique monétaire nationale n'est pas encombrée par la question de la défense de la parité de la monnaie nationale par rapport aux autres monnaies. Les mouvements spéculatifs de passage d'une dénomination à l'autre et l'achat/vente de titres financiers ne peuvent dès lors, avoir d'effet que sur les taux d'intérêt de marché[11] et non sur les taux de la

---

[10] F. Lordon suggère d'ailleurs d'interdire les ventes à découvert - mécanisme par lequel une personne vend à terme quelque chose à un prix donné en espérant que le cours de cette chose diminue afin qu'elle puisse l'acheter avant qu'elle ne doive la livrer. Le vendeur achète alors la chose qu'il doit livrer à un prix inférieur à celui auquel il l'a vendue. La différence entre les deux prix constitue son bénéficie (ou sa perte). Ce mécanisme repose souvent sur le fait que pour l'initier le vendeur ne doit déposer auprès de son intermédiaire financier qu'une marge (p.e. 10 %) du montant total de la vente.

[11] C'est-à-dire sur les taux des titres sur le marché secondaire. Compte tenu du fait que le taux d'intérêt d'un titre au rendement fixe comme une obligation est fixé en début de période, la baisse (hausse) de la valeur de ce titre sur le marché secondaire suite à des ventes (achats) massives (massifs) fait que mathématiquement le rendement

Banque centrale nationale. Ainsi, une politique monétaire nationale peut être restaurée en vue du pilotage de la conjoncture d'ensemble en vue de maximiser l'emploi.

L'inconvénient de cette proposition est que les dénominations nationales faibles (Grèce, Espagne, etc.), celles qui risqueront d'être dévaluées le plus souvent, connaitront une tension permanente sur les taux d'intérêt de leur politique monétaire et sur les conditions de refinancement de leur dette publique. Ce qui est moins le cas actuellement avec l'euro comme monnaie unique.

La proposition permet aux Etats européens candidats de rejoindre l'euro commun pour peu que certaines conditions d'harmonisation soient réunies notamment en matière de norme salariale minimale. En matière de change externe de l'euro par rapport au $, £, ¥ par exemple, F. Lordon propose une politique de change concertée entre les Etats membres qui pourraient tous, le cas échéant, relever ensemble leurs taux d'intérêt nationaux en vue de défendre l'euro commun.

F. Lordon souhaite également restaurer, par voie de régulation, la réintermédiation bancaire comme mécanisme privilégié de financement de l'économie en recourant au marché interbancaire comme mécanisme de financement de second rang et à la fourniture de liquidités par la Banque centrale comme mécanisme de troisième rang. Il désire ainsi couper les liens qui existent

---

de ce titre augmente (baisse). C'est ainsi que le taux d'intérêt du marché secondaire augmente (baisse).

aujourd'hui entre l'octroi de crédits et la fourniture de liquidités à court terme par les marchés financiers guidés par un esprit spéculatif.

Il propose également de renationaliser, via la mobilisation de l'épargne résidente[12], le financement des déficits publics afin de soustraire la politique publique à la pression des marchés financiers et de regagner en souveraineté. Pour assumer le coût des investissements publics, il envisage le recours à des emprunts publics sous forme de titres remboursés en rentes jusqu'au terme de l'emprunt. Le cas échéant, si le financement par l'épargne publique n'est pas suffisant, il propose de recourir au financement par la Banque centrale lorsque les conditions s'y prêtent, notamment lorsqu'il y a une sous-utilisation des capacités de production et une absence de tensions inflationnistes.

Par rapport à l'euro, nous avons ici une monnaie qui propose une renationalisation de la politique monétaire sous forme de dénominations nationales d'une monnaie commerciale dont l'objectif reste de faire des profits. Toutefois, en insistant sur la nécessité de réintermédiation bancaire via le marché interbancaire et l'appui de la Banque centrale, F. Lordon évince les marchés financiers du financement des Etats. La politique monétaire se voit assigner un objectif de plein emploi plutôt qu'un objectif

---

[12] L'épargne résidente est l'épargne constituée par les résidents du territoire dans la dénomination nationale.

d'inflation, ce qui suppose que la politique monétaire se mette en appui de la politique économique et budgétaire.

Alternativement à cette proposition, dans un scénario d'éclatement de la zone euro, J. Mazier envisage la possibilité de réintroduire des monnaies nationales avec un système de taux de change gérés et même la remise en vigueur su système monétaire européen permettant des variations de taux de change entre devises européennes.

De manière synthétique, on a :

Monnaie	L'euro, monnaie commune
Emetteur	Banques commerciales à 90 %
Objectif	Monnaie commerciale, favorise le commerce et l'industrie, vise le profit, vise également le bien commun en permettant des réajustements de taux de change et en permettant une forme de financement par la Banque centrale
Permanence	monnaie temporaire
Intérêt	Porte des intérêts
Souveraineté	Émise dans son territoire d'utilisation. Superposition de monnaies nationales avec une monnaie supranationale et coordination de la politique monétaire nationale avec la politique monétaire supranationale
Convertibilité	Non convertible, adossée à des dettes
Fonctions	Moyen de paiement, réserve de valeur et unité de compte
Efficacité	Efficacité moins grande que l'euro mais permet des réajustements des taux de change internes à l'euro commun
Réalisme	Retour vers un système de change à taux fixes ajustables qui implique d'arrêter le système

	actuel. La transition entre les deux systèmes risque de se faire dans la douleur. F. Lordon ouvre une porte vers une monétisation de la dette publique et l'émission publique de la monnaie.

Les aménagements de la zone euro

Y. Varoufakis (le célèbre ministre grec des finances), J. K. Galbraith et S. Holland[13], partent du constat que la zone euro doit faire face simultanément à une quadruple crise :

1. une crise bancaire,
2. une crise des dettes publiques dont les plus visibles ont été celles de la Grèce, de Chypre, du Portugal, et d'Irlande avec un risque de débordement sur l'Espagne et l'Italie, puis sur la France et la Belgique,
3. une crise de sous-investissement dans les pays de la périphérie de l'Europe qui a empêché la convergence économique des pays au sein de la zone euro et des déficits répétitifs des balances des paiements de ces pays au sein de la zone euro empêchés de dévaluer leur monnaie pour rétablir leur compétitivité,
4. une crise sociale créée par l'action combinée de l'austérité budgétaire, la baisse ou la suppression de prestations sociales telles que les pensions de retraite, les allocations de chômage et de l'augmentation des taxes, impôts et accises sur des nombreux services et produits et qui aboutit au développement de la pauvreté.

---

[13] Yanis Varoufakis, James K. Galbraith et Stuart Holland, “Modeste proposition pour résoudre la crise de la zone euro”, Institut Veblen pour les réformes économiques, collection les petits matins, Paris, 2014.

Ils décrivent alors les quatre contraintes politiques qui leur semblent incontournables à l'heure actuelle.

1. La BCE ne sera pas autorisée à monétiser directement la dette des Etats de la zone euro,
2. Le programme OMT (Opérations Monétaires sur Titres) de la BCE, qui consiste en l'achat sur les marchés secondaires d'obligations souveraines de pays en difficultés et demandant de l'aide du mécanisme européen de stabilité n'a toujours pas été appliqué et n'a sans doute pas d'efficacité en termes de croissance économique,
3. Les pays ayant une balance commerciale régulièrement excédentaire n'accepteront jamais de garantir conjointement et solidairement les dettes des pays qui ont un déficit commercial et les pays déficitaires refuseront toujours plus d'abandon de souveraineté monétaire qui les place dans une situation difficile, et enfin,
4. L'Europe fédérale est un vœu pieux dans l'état actuel des choses. La solution ne viendra pas de ce côté-là.

Ils proposent alors quatre mesures qui forment leur proposition pour résoudre la crise de l'euro

1. Les banques qui doivent être renflouées doivent l'être par le mécanisme européen de stabilité et non par les Etats qui doivent emprunter les sommes nécessaires ou par les déposants en perdant une partie de leurs dépôts.
2. Une conversion de la dette publique en dette souscrite par la BCE à hauteur de 60 % du PIB à

charge pour celle-ci d'émettre une dette de la BCE correspondante aux montants cumulés des dettes reprises. Ainsi, la BCE ne monétise pas la dette publique, elle sert d'intermédiaire entre les Etats et les détenteurs de la dette. Le but est que la dette publique émise par la BCE ait un taux d'intérêt inférieur à celui porté par les dettes nationales. La charge d'intérêt pour les Etats serait moindre.

3. Un programme d'investissements en faveur de la croissance et de la cohésion dans les pays déficitaires via un emprunt par le fonds européen d'investissement.
4. Un programme européen de solidarité sociale d'urgence en vue de satisfaire les besoins alimentaires et énergétiques de tous les Européens.

De manière synthétique, on a :

Monnaie	Les aménagements de l'euro
Emetteur	Banques commerciales à 90 %
Objectif	Monnaie commerciale, favorise le commerce et l'industrie, vise le profit
Permanence	monnaie temporaire
Intérêt	Porte des intérêts
Souveraineté	Émise dans son territoire d'utilisation, les Etats délèguent la compétence monétaire à la zone. Ils reçoivent la possibilité d'émettre leur dette publique à concurrence de 60 % du PIB via la Banque centrale ce qui leur procure un taux d'intérêt inférieur.
Convertibilité	Non convertible, adossée à des dettes
Fonctions	Moyen de paiement, réserve de valeur et unité de compte
Efficacité	Très grande efficacité appuyée par un

	système financier performant
Réalisme	Proposition réaliste à l'ambition limitée. Elle ne répond pas vraiment aux défis sociaux et environnementaux.

Le retour aux monnaies nationales

Dans différents pays européens, dont la France, il existe des courants politiques qui poussent à la restauration de la monnaie nationale et à l'abandon de l'euro. L'objectif est de regagner la souveraineté perdue lors de la conversion de la monnaie nationale vers l'euro dans l'espoir que les gains d'efficacité économique permettraient à l'Union européenne d'être plus compétitive au plan international. Ces courants politiques d'inspiration nationaliste ou souverainiste affirment que l'euro n'a pas répondu aux souhaits des populations et implique, à présent, que leur pays se soumette au diktat de la BCE (Banque centrale européenne). La critique essentielle est que la politique monétaire échappe totalement au contrôle politique et qu'elle bénéficie surtout aux pays les plus industrialisés du centre de l'Europe ; au premier rang desquels se place l'Allemagne ; alors que d'autres pays ; aux premiers rangs desquels se trouvent la Grèce, le Portugal, l'Espagne, la France, l'Italie ; subissent cette politique monétaire et en sont les victimes. Loin d'avoir apporté une homogénéisation économique au niveau européen, l'euro aurait accentué les divergences entre pays et l'absence de solidarité financière entre les membres de la zone n'a pas permis suffisamment de transferts financiers des pays industrialisés du centre vers les pays de la périphérie. Avec l'euro on serait soit allé trop loin, soit pas assez loin.

La question se pose alors de définir les caractéristiques de cette nouvelle monnaie nationale et d'envisager un plan de transition menant à cette nouvelle monnaie nationale. A ce stade, ces projets ne semblent pas complets, notre grille d'analyse contient nombre de points d'interrogation.

De manière synthétique, on a :

Monnaie	La monnaie nationale
Emetteur	Emission publique par l'Etat, émission commerciale, partage du droit d'émission ?
Objectif	Restauration de la souveraineté nationale et puis ?
Permanence	monnaie temporaire ou monnaie permanente ?
Intérêt	Porte des intérêts ou est-ce une monnaie d'échange sans intérêt ?
Souveraineté	Émise sur le territoire national
Convertibilité	Monnaie adossée ? monnaie publique ?
Fonctions	Moyen de paiement certainement. Réserve de valeur et unité de compte ?
Efficacité	Efficacité moins grande que l'euro – avantages économiques ?
Réalisme	Ressemble à un Big-bang monétaire qui favorise le retour à la concurrence monétaire, les dévaluations compétitives et qui signifie probablement la fin de l'Union européenne.

3. Monnaies émises par les Etats

Le plan de Chicago et ses avatars

Le plan de Chicago a été proposé dans les années trente en réponse à la dépression économique de l'époque par différents économistes américains dont Irving Fischer, le spécialiste des questions monétaires de l'époque. Plus tard, ces propositions furent approuvées par Milton Friedman, l'économiste monétariste libéral qui a inspiré les réformes néolibérales des années 1980. Enfin, ce plan réapparaît actuellement au travers de plusieurs initiatives, aux Etats-Unis avec l'American Monetary Act, l'initiative pour une monnaie pleine en Suisse qui se traduira sans doute par une consultation populaire sur ce thème ou encore avec le projet de réforme monétaire islandais. Une recherche récente menée par plusieurs économistes du FMI a démontré l'intérêt de ce plan[14].

Le plan de Chicago, ainsi que ses avatars contemporains, entend confier le droit d'émettre de la monnaie à un Institut d'émission public ; ce pourrait éventuellement être la Banque centrale ; et de supprimer le droit d'émission des banques commerciales. Seul l'Institut d'émission peut remplir la fonction monétaire. Toute la monnaie qui circule est alors de la monnaie centrale. L'émission monétaire se déroule par achat d'obligations, de titres de créance et autres actifs aux

---

[14] IMF Working Paper, Research Department, « The Chicago Plan Revisited », Jaromir Benes and Michael Kumhof, www.imf.org, August 2012

banques ainsi que par prêts aux banques commerciales moyennant mise en gage de ces mêmes actifs. Dans certaines propositions, la monnaie émise est transmise sous forme de don à l'Etat. Les montants inscrits sur les comptes à vue des déposants doivent obligatoirement être couverts à 100 % par des réserves auprès de l'Institut d'émission. En échange de ces réserves, les banques reçoivent de la monnaie, celle qui est inscrite sur les comptes. Les dépôts deviennent alors de vrais dépôts couverts à 100 %. C'est pour cela que l'on parle de monnaie « pleine » ou de « 100 % monnaie ». Les montants inscrits en compte à vue ne sont pas porteurs d'intérêt et ne permettent pas d'effet de levier. Selon ses auteurs, ce plan présente les avantages suivants :

1. Plus aucun risque de liquidité et donc plus de panique bancaire et de ruée vers les banques
2. Diminution drastique du risque de faillite des banques
3. Diminution substantielle de la dette publique détenue par l'Institut d'émission
4. Simplification du système monétaire
5. Simplification de l'activité bancaire
6. Disparition des grandes inflations et déflations
7. Atténuation des épisodes de boom et de dépression
8. Arrêt du contrôle de l'industrie par les banques

Ils répondent également aux objections suivantes :

1. Il n'y a pas d'augmentation brutale de la masse monétaire
2. Les dépôts sont couverts à 100 % par des titres détenus par l'Institut d'émission

3. Pour faire des prêts, les banques prêteraient leur propre argent ainsi que l'épargne mise à leur disposition pour ce faire par les déposants
4. Il ne s'agit pas d'une nationalisation des banques, il s'agit d'une nationalisation de la monnaie. Les banques restent libres de leurs activités.

De manière synthétique, on a :

Monnaie	Monnaie selon le Plan de Chicago
Emetteur	Institut d'émission public à 100 %
Objectif	Vise la stabilité des prix, la stabilité financière et économique par la régulation de la masse monétaire
Permanence	Monnaie permanente
Intérêt	La monnaie ne porte pas intérêt - l'épargne/l'emprunt porte intérêt
Souveraineté	Monnaie souveraine
Convertibilité	Monnaie non convertible, partiellement adossée à des dettes
Fonctions	Moyen de paiement sans intérêt séparé de la réserve de valeur et de l'unité de compte
Efficacité	Objectif de remplacer la masse monétaire actuelle en gardant la même efficacité en se reposant sur le secteur financier
Réalisme	En opposition radicale avec le système monétaire actuel – la résistance du secteur financier à cette proposition serait farouche

La monnaie permanente

La proposition de G. Galand et A. Grandjean, formulée dès 1996, s'inscrit dans la même ligne. Elle consiste à octroyer le droit de battre monnaie à l'Etat. La Banque centrale génère la monnaie et la met à disposition de l'Etat sans paiement d'intérêt. L'Etat est alors chargé de la distribuer à la société. Il s'agit d'une monnaie permanente, gratuite dont la création est centralisée et dont le bénéficiaire est l'Etat. Cette monnaie est découplée des mécanismes de crédit et d'épargne mais elle ne s'oppose pas à ces mécanismes qui continuent d'exister. La limite est que seuls les dépôts peuvent faire l'objet de prêts par les institutions financières sans création monétaire. En cas de besoin, ces institutions peuvent faire appel à la Banque centrale pour trouver un complément de financement[15]. Nous sommes donc en présence de deux circuits de création monétaire, le circuit de la monnaie permanente émise au profit de l'Etat, d'une part, et le circuit de la monnaie d'endettement refinancée par la Banque centrale, d'autre part. La question qui se pose est alors de connaître le ratio de monnaie permanente par rapport à la masse monétaire en circulation. Les auteurs proposent un ratio de 75 à 80 % compte tenu de la variabilité saisonnière de la masse monétaire et du fait qu'il n'est pas souhaitable que le montant de l'épargne dépasse le montant des crédits. Dans ce dernier cas, l'offre de monnaie est excessive et les tensions inflationnistes démarrent.

---

[15] Il s'agit de la fonction de prêteur en dernier ressort qui permet aux banques commerciales de s'adresser à la Banque centrale pour obtenir de nouveaux moyens de paiement à un taux d'intérêt plus ou moins élevé moyennant la mise en gage de créances existantes.

Dans ce scénario, l'augmentation de la masse monétaire se fait grâce à la génération de monnaie permanente, à l'initiative des autorités publiques et de monnaie d'endettement, à l'initiative des agents privés alors que la diminution de la masse monétaire se fait par un instrument d'épargne et de réserve spécifiques. Celui-ci prend la forme de certificats en monnaie constante (indexés sur le coût de la vie) émis par la Banque centrale à un taux d'intérêt et une fiscalité attractifs. Ces certificats de Banque centrale ne peuvent pas être utilisés dans des transactions et ne doivent servir que comme instrument de réserve. La Banque centrale devient donc le régulateur de la masse monétaire puisqu'elle dispose d'un accélérateur (générateur de monnaie) et d'un frein (instrument de réserve spécifique). La politique monétaire consiste alors, suivant le contexte, à « jouer » sur l'injection de monnaie permanente ou d'endettement émise par la Banque centrale et sur la reprise de liquidités sous forme d'emprunts.

« *Voilà donc le principal avantage de la monnaie permanente, outre ses qualités de monnaie gratuite. Elle met entre les mains des autorités un outil de régulation du financement de l'économie dont la précision et la fiabilité sont infiniment supérieures à celles des outils actuellement utilisés. En particulier elle leur permet de financer une relance de l'économie là où les procédés orthodoxes sont dans l'impasse par endettement rédhibitoire des agents économiques. Qui plus est, cette maîtrise est obtenue sans manipulation des taux d'intérêt* »[16]

Par rapport à nos critères d'évaluation, dans cette proposition, nous sommes face à une monnaie permanente gratuite émise par l'Etat. Par son pouvoir d'émission, l'Etat prend un rôle important dans la société et peut même devenir le régulateur de l'économie en favorisant certains types de dépenses par rapport à d'autres. C'est là un enjeu politique et donc démocratique essentiel qui se trouve être totalement évacué par les monnaies d'endettement où seul l'intérêt financier est pris en compte.

Cette proposition pose d'importants problèmes d'acceptabilité par le secteur financier qui verrait son pouvoir d'émission privé disparaître au profit d'un pouvoir d'émission public. Bien que la proposition ne comprenne aucune limitation en termes de liberté d'entreprise ou de limitation de l'économie de marché, on peut s'attendre à ce qu'elle soit immédiatement taxée de proposition anti-libérale, interventionniste et inflationniste (par le risque de recours à la « planche à billets »). Cette dernière critique n'est pas totalement infondée et on peut imaginer d'y répondre en mettant en place des formes de régulation de l'émission monétaire et de contrôle budgétaire. Par exemple, en vérifiant que le budget de fonctionnement de l'Etat et que le service de la dette d'investissement, financé par l'emprunt, soient

---

[16] G. Galand et A. Grandjean, La monnaie dévoilée, p.173

exclusivement assurés par les recettes courantes. Sous ces contraintes, la création monétaire est nécessairement destinée à financer des actions ponctuelles, comme les investissements, et est limitée au rythme de la croissance économique. Les auteurs imaginent d'ailleurs que la Banque centrale soit mise sous le contrôle du Parlement plutôt que de rester indépendante ou de dépendre du Gouvernement.

Du point de vue de l'implantation, la proposition entraîne également une gestion délicate du timing de transformation de la dette d'Etat actuelle en monnaie permanente. En effet, sous peine de déséquilibrer gravement les marchés financiers, la seule solution possible est de transformer progressivement et partiellement les emprunts d'Etat en monnaie permanente au moment où ils arrivent à échéance.

L'Etat se désendette automatiquement au moins partiellement puisqu'il n'a plus d'intérêt à payer sur la monnaie permanente, il peut donc dégager des moyens financiers et mettre en œuvre les politiques de son choix grâce à un volant financier plus large, notamment des politiques de cohésion sociale ou de protection environnementale. Par ailleurs, l'économie devrait être plus stable, connaître moins de cycles conjoncturels caractéristiques des monnaies de crédit, les taux d'intérêt devraient être relativement bas et l'inflation être relativement réduite. Ces caractéristiques, notamment les certificats en monnaie constante, amènent à penser que ce système de monnaie permanente peut offrir de belles qualités en matière de réserve de valeur.

Sur la question de la faisabilité, la modification du paradigme monétaire dans l'Europe de la monnaie unique semble très difficile tant il paraît illusoire de convaincre l'ensemble des Etats membres de la nécessite ou de la possibilité d'opérer cette transition.

De manière synthétique, on a :

Monnaie	La monnaie permanente
Emetteur	Institut d'émission public à 100 % - Distributeur : l'Etat
Objectif	Vise la stabilité financière et économique
Permanence	Monnaie permanente via le circuit d'Etat (80 %) et monnaie temporaire via le circuit bancaire (20 %)
Intérêt	La monnaie ne porte pas intérêt, l'épargne/l'emprunt porte intérêt
Souveraineté	Monnaie souveraine
Convertibilité	Essentiellement non convertible et non adossée (80 %), accessoirement adossée à des dettes (20 %).
Fonctions	Moyen de paiement sans intérêt, réserve de valeur et unité de compte
Efficacité	Objectif de remplacer la masse monétaire actuelle en gardant la même efficacité, les systèmes de paiement restent inchangés.
Réalisme	En opposition radicale avec le système monétaire actuel – la résistance du secteur financier à cette proposition serait farouche

L'école chartaliste ou la finance fonctionnelle

La proposition précédente rejoint l'analyse de l'école chartaliste ou néo-chartaliste [17] représentée par les économistes L.R. Wray actuellement et A. Lerner dans les années 50. Pour eux, indépendamment de la configuration actuelle de l'émission monétaire, fondamentalement la légitimité et l'acceptabilité de la monnaie provient uniquement du fait que l'Etat l'accepte en paiement pour éteindre les dettes qui lui sont dues. L'Etat donne un nom à l'unité de compte, détermine les supports qui permettent la circulation des moyens de paiement (la forme) et accepte que la monnaie ainsi désignée permette de se libérer de ses impôts. Cette école, prônant une monnaie publique, affirme que les Etats qui émettent leur propre monnaie n'ont aucun besoin d'emprunter ou d'imposer des taxes pour financer leurs dépenses. Les taxes servent à créer la demande pour la monnaie (d'où parfois le nom de « tax-driven money associé à l'école chartaliste). Les dépenses de l'Etat font augmenter la masse monétaire puisqu'il émet de la monnaie alors que la taxation la fait diminuer puisque le retour de la monnaie dans le périmètre de l'Etat la fait disparaître. Dans un tel schéma, l'Etat n'a jamais besoin d'emprunter de la monnaie puisqu'il la crée et la détruit. Toutefois, il est mis deux contraintes à la création monétaire. Premièrement, l'Etat doit avoir un niveau de dépenses (= de création monétaire) tel qu'il ne cause pas d'inflation et qu'il garantisse le niveau d'emploi. L'émission et la destruction monétaires doivent être neutres sur le niveau des prix. L'Etat devient

[17] Ou encore « tax-driven-money » ou « modern money theory »

« l'employeur en dernier ressort » (EDR) et une de ses attributions essentielles consiste à déterminer le prix du travail dans le secteur public. Les autres prix sont déterminés librement par le marché. La valeur de la monnaie est très exactement déterminée par le la valeur d'une heure de travail EDR au tarif appliqué par le gouvernement.

Les vertus de l'EDR est qu'il est anticyclique. Lorsque des périodes de creux économiques apparaissent, l'Etat recrute plus de travailleurs au tarif EDR, ce qui fait augmenter le budget de l'Etat, ce qui a pour vertu de maintenir la demande, alors qu'en période de haute conjoncture, les travailleurs EDR seront tentés de travailler pour le secteur privé à un tarif moyen supérieur à l'EDR, ce qui diminue le budget de l'Etat et diminue l'émission monétaire.

L'approche chartaliste permet de déconnecter la profitabilité des entreprises de l'emploi. Cela permet de créer des emplois sans s'inquiéter de leur financement, d'avoir une politique de plein emploi tout en visant la stabilité des prix. L'outil essentiel pour obtenir ce double objectif est la fixation du prix du travail EDR.

De manière synthétique, on a :

Monnaie	L'école chartaliste
Emetteur	Institut d'émission public à 100 % - Distributeur : l'Etat
Objectif	Vise le plein emploi et la stabilité des prix
Permanence	Monnaie permanente dont le volume varie en fonction des besoins déterminés par l'Etat en fonction du marché de l'emploi
Intérêt	Non
Souveraineté	Monnaie souveraine
Convertibilité	Non convertible et non adossée
Fonctions	Moyen de paiement sans intérêt, réserve de valeur et unité de compte
Efficacité	Aussi efficace que la monnaie actuelle dont elle prendrait la place dans les systèmes de paiement.
Réalisme	Conception opposée à l'euro puisque l'autorité monétaire est totalement dépendante de l'autorité politique

Une monnaie sociétale complémentaire à l'euro

P. Derudder et A-J. Holbecq [18] proposent, pour la France, la création d'une monnaie sociétale, l'Unité Monétaire Sociétale (U.M.S.) complémentaire à l'euro, émise par l'Etat. Cette monnaie nationale complémentaire sera : «

- *une monnaie gratuite (elle ne peut produire d'intérêts),*
- *permanente (ce n'est pas une monnaie de crédit),*
- *électronique et nominative,*
- *non convertible en devises étrangères*
- *non spéculative,*
- *à cours forcé (toute personne physique ou morale, sur le territoire national, devra accepter en paiement cette unité de compte sociétale dont la valeur faciale serait équivalente à l'euro).* »[19]

L'émission de cette monnaie servirait exclusivement à financer des projets qui seront portés par des entreprises à mandat sociétal [20] (E.M.S.) poursuivant des objectifs

---

[18] Philippe Derudder et André-Jacques Holbecq, « *une monnaie nationale complémentaire* » pour relever les défis humains et écologiques, Editions Yves Michel, collection économie, 2010, 169p.

[19] P. Derudder et A.-J. Holbecq, "une monnaie nationale complémentaire », p.85

[20] Les entreprises à mandat sociétal ne peuvent pas faire de bénéfices et, dans leurs acquisitions de produits et services, ont l'obligation de donner la préférence à des fournisseurs également organisés sous forme d'E.M.S.

sociétaux et environnementaux qui ne peuvent être atteints par des financements classiques faute de rentabilité financière et qui ne peuvent pas être financés par l'Etat faute de pouvoir encore augmenter les prélèvements ou augmenter l'endettement. L'enjeu du débat démocratique est ici de définir quels sont les projets sociétaux qui doivent être retenus et dans quelle dimension. Pour ce faire, les auteurs proposent une série de comités de validation institués démocratiquement allant du niveau communal au niveau départemental. L'organisme d'émission serait indépendant du gouvernement et agirait dans le cadre de missions définies par le parlement, lui-même instruit par les organismes départementaux. L'U.M.S. circule par le réseau bancaire actuel et les frais de fonctionnement sont pris en charge par le trésor public selon un barème fixé et versés en U.M.S. La masse monétaire d'U.M.S. est modulée en équilibre avec la valeur de la richesse réelle créée par l'activité sociétale. Si l'émission d'U.M.S. ne pose pas de problèmes particuliers, la diminution de cette masse est plus délicate à régler. Elle pourrait se faire via l'imposition d'une « contribution à l'équilibre monétaire », sorte de taxe, et l'obligation de paiement de tout ou partie des taxes en U.M.S. De manière exceptionnelle, notamment en cas de besoin de devises pour des opérations avec l'étranger, l'U.M.S. peut être converti en euros.

De manière synthétique, on a :

Monnaie	L'unité monétaire sociétale (UMS) complémentaire à l'euro
Emetteur	Système dual. L'euro, d'une part et l'UMS, d'autre part
Objectif	L'euro a un objectif mercantile, l'UMS a un objectif sociétal
Permanence	Monnaie temporaire dont le volume varie en fonction des besoins déterminés par l'Etat
Intérêt	L'UMS ne porte pas d'intérêt
Souveraineté	Monnaie souveraine
Convertibilité	Non convertible. Exceptionnellement, convertible en euro. Monnaie non adossée
Fonctions	Moyen de paiement sans intérêt
Efficacité	Inconnue – monnaie complémentaire dont l'acceptabilité sera sans doute moindre que l'euro mais le cours forcé renforce l'attractivité de la monnaie
Réalisme	Complémentaire à l'euro, vise une niche particulière, ce qui pourrait favoriser son acceptabilité par le secteur financier

Une monnaie régionale

B. Lietaer et M. Kennedy[21] proposent la création de monnaies régionales complémentaires à l'euro. Plutôt que de présenter une formule monétaire toute faite, ils se positionnent comme des architectes, des designers monétaires ou des chefs de projets capables de « formater » une monnaie en fonction des désirs des clients en s'inspirant d'expériences diverses menées dans le monde entier.

En se référant aux projets allemands (Chiemgauer), suisses (WIR), français (SOL) et autres, ils soulignent l'importance de définir une stratégie impliquant la définition explicite des objectifs que la monnaie poursuit en termes de jonction entre un besoin non satisfait en euros et une ressource locale sous-utilisée. Les objectifs peuvent être très différents d'une monnaie à l'autre : autonomie de l'économie régionale par rapport à l'économie globalisée, création d'un système de financement et d'échange durable indépendant de l'instabilité financière globale, fourniture de liquidités aux PME en favorisant le développement de produits régionaux, réduction du chômage, renforcement des circuits courts, renforcement de l'identité régionale, etc. Dans la stratégie, ils distinguent trois composantes :

---

[21] Bernard Lietaer et Margrit Kennedy, « *monnaies régionales De nouvelles voies vers une prospérité durable* », Editions Charles Léopold Mayer, 2008, 242p

- *« Un système de bons, achetables en euros, assurant la fonction de paiement ;*
- *Un cercle de coopération, c'est-à-dire un système de compensation permettant l'échange de biens et des services sans nécessité de faire intervenir l'argent officiel ;*
- *Une banque régionale coopérative qui permet de constituer une épargne et de fournir du crédit »*[22].

Les bons servent de monnaie fiduciaire, échangeables contre des euros moyennant la rétention de frais pour financer le fonctionnement du système[23]. Dans le cercle de coopération [24], les paiements sont remplacés par des inscriptions de mouvements de débits et de crédits en compte. Il n'est donc pas nécessaire de débuter le système en y injectant des euros. Le cercle de coopération permet de s'accorder des crédits mutuels, favorise les trocs et offre un système de compensation.

Sur base des expériences menées en Allemagne, ils distinguent huit critères de réussite[25] :

---

[22] Bernard Lietaer et Margrit Kennedy, « *monnaies régionales* », p.111

[23] Comme par exemple les chiemgauers en Allemagne

[24] A l'image du cercle de coopération WIR en Suisse qui fonctionne entre des entreprises affiliées

[25] Bernard Lietaer et Margrit Kennedy, « *monnaies régionales* », p.p. 108 - 109

1. *« Le système doit être gagnant-gagnant pour tous les participants.*
2. *Il doit être organisé en vue du bien commun.*
3. *Il doit faire l'objet d'une mise en œuvre professionnelle.*
4. *La transparence des comptes et des mécanismes en jeu vis-à-vis des utilisateurs doit être totale.*
5. *Un contrôle démocratique doit pouvoir être exercé par les utilisateurs.*
6. *Le système doit pouvoir bénéficier d'un financement ou d'une stratégie financière durable.*
7. *La circulation doit être garantie.*
8. *Il sera animé d'une volonté de collaboration avec les autres projets Regio »*[26].

Ils ajoutent qu'il est souhaitable d'éviter de demander des intérêts sur les emprunts effectués dans ces monnaies.

Ils complètent l'approche stratégique en soulignant l'importance de la méthodologie de lancement de la monnaie complémentaire, soit par le haut, avec le support des autorités, soit par le bas, par la voie des utilisateurs, soit par une approche mixte. Ils soulignent également l'importance de l'équipe en charge de l'introduction de cette monnaie. Elle doit être créative et pragmatique, pleine d'idéalisme mais également être forte sur les plans organisationnel, informatique, juridique et bancaire et bénéficier des financements et autofinancements ad hoc.

---

[26] Les projets Regio couvrent les projets de monnaie complémentaire dans les pays germanophone (Allemagne, Autriche, Suisse)

De manière synthétique, on a :

Monnaie	La monnaie régionale
Emetteur	Système dual. L'euro, d'une part et la monnaie régionale d'autre part émise par les autorités et/ou une association
Objectif	Doit viser un objectif explicite à définir par les concepteurs
Intérêt	pas d'intérêt sur la monnaie régionale
Souveraineté	Monnaie souveraine
Convertibilité	Non convertible. Exceptionnellement, convertible en euro moyennant paiement de frais. Monnaie non adossée
Permanence	Monnaie temporaire dont le volume varie en fonction des besoins déterminés par l'Etat ou les utilisateurs
Fonctions	Moyen de paiement sans intérêt
Efficacité	Inconnue – monnaie complémentaire
Réalisme	Complémentaire à l'euro, vise une niche particulière, ce qui pourrait favoriser son acceptabilité

4. Monnaies émises par les personnes

Le WIR

Le WIR (Wirtschaftring) est une organisation coopérative de crédit mutuel suisse dans laquelle des petites et moyennes entreprises ayant des relations de confiance entre elles s'accordent des crédits mutuels en monnaie « WIR » pour faire des achats auprès des membres de l'organisation. Les paiements sont réalisés au moins, en partie en « WIR ». Pour devenir membre, les candidats doivent déposer des garanties financières. Il s'agit généralement d'une hypothèque sur un bien immobilier. Cette hypothèque sert de garantie pour les crédits et crédibilise chaque membre au sein du réseau. Le WIR est inconvertible en francs suisses. Les crédits en WIR ne portent pas intérêt mais les sommes empruntées doivent être exclusivement dépensées au sein du réseau des membres de la coopérative.

Si l'on se réfère à notre grille d'analyse, le WIR est une monnaie gratuite émise par un cercle d'utilisateurs dans le but de favoriser leurs affaires en s'octroyant des crédits mutuellement. Le WIR est non convertible mais est adossé à des garanties hypothécaires. Sa fonction monétaire est strictement limitée au moyen de paiement, ce n'est pas une réserve de valeur. Le WIR a démontré son efficacité dans la mesure où il existe depuis les années 1930 et est utilisé par environ 60.000 membres. Toutefois, on note que son utilisation est plus forte dans les périodes de crise que dans les périodes de haute conjoncture. A ce titre, il a un effet contracyclique.

De manière synthétique, on a :

Monnaie	Le WIR
Emetteur	Système dual. Le franc suisse, d'une part et le WIR, monnaie associative émise par les membres de l'association, monnaie privée
Objectif	Crédit mutuel entre les membres du réseau WIR
Intérêt	pas d'intérêt sur le WIR
Souveraineté	Monnaie privée souveraine à l'intérieur du réseau WIR
Convertibilité	Non convertible
Permanence	Monnaie temporaire créée et détruite en fonction des crédits mutuels que s'accordent les membres du réseau
Fonctions	Moyen de paiement sans intérêt
Efficacité	Reconnue en période de crise
Réalisme	Monnaie complémentaire à la monnaie officielle

Les Systèmes d'Échanges Locaux (SEL)

Il existe des milliers d'expériences de systèmes d'échanges locaux. Ils visent à favoriser les échanges de biens et services sur un plan local entre particuliers et commerçants par l'émission d'une monnaie locale, émise généralement contre remise de monnaie officielle (des euros par exemple). Cette monnaie locale peut prendre la forme de billets ou être une monnaie scripturale enregistrée auprès d'une institution locale. Certains SEL, organisés autour d'une chambre de compensation, admettent que certains utilisateurs soient dans une situation débitrice alors que d'autres sont dans une situation créditrice. La somme des débits égalise la somme des crédits et par solde, le montant des SEL émis vaut zéro. A charge pour les débiteurs de se remettre dans une situation d'équilibre dans un certain délai.

De manière synthétique, on a :

Monnaie	Les systèmes d'échanges locaux
Emetteur	Une communauté locale, une ville, ou une intercommunale
Objectif	Favoriser les échanges locaux, relocaliser des activités économiques
Intérêt	pas d'intérêt
Souveraineté	Monnaie souveraine
Convertibilité	Selon les conditions locales, convertible ou non en monnaie officielle moyennant rétention d'une commission pour frais
Permanence	Monnaie temporaire adossée à la monnaie officielle
Fonctions	Moyen de paiement sans intérêt
Efficacité	Généralement marginale (voir infra évaluation)
Réalisme	Monnaie complémentaire à la monnaie officielle

Les banques de temps

Dans les banques de temps, c'est l'heure prestée qui est l'unité monétaire. Les adhérents à une banque de temps s'échangent des heures de travail sans recourir à un équivalent monétaire. En fonction des heures prestées ou reçues en prestations, les comptes sont débités ou crédités des heures prestées. Généralement, les adhérents bénéficient d'un service d'échange d'informations qui permet de mettre en relation l'offre et la demande de biens et services. Les banques du temps fonctionnent essentiellement pour des services de proximité, services ménagers, jardinage, aide à domicile, devoirs des enfants, baby-sitting, bricolage.

De manière synthétique, on a :

Monnaie	Les banques de temps
Emetteur	Chaque utilisateur est émetteur
Objectif	Système de crédit mutuel entre les membres de la Banque de temps – vise à ce que chacun puisse livrer et acquérir des biens et services sans intervention de la monnaie
Intérêt	pas d'intérêt
Souveraineté	Moyen d'échange privé souverain à l'intérieur du réseau des membres
Convertibilité	Non convertible
Permanence	Les soldes des comptes créditeurs et débiteurs s'annulent les uns les autres
Fonctions	Moyen d'échange
Efficacité	Entraide locale
Réalisme	Système complémentaire à la monnaie officielle

Eléments d'évaluation

Dans un article de novembre 2014 [27], Wojtek Kalinowski, fait une évaluation de l'impact socio-économique des monnaies locales et complémentaires basé sur un large panorama européen, américain, asiatique et d'Afrique du Nord. Il constate que les projets demeurent fragiles. Ils sont confrontés à un contexte hostile au principe de pluralité monétaire, ils portent sur une sphère d'échanges étroite qui gagnerait à s'élargir afin de recruter plus d'utilisateurs. Pourtant il est des expériences qui fonctionnent bien et d'autant mieux qu'elles s'inscrivent dans un contexte particulier, comme une forte identité locale (Pays basque) qui favorise les conditions d'émergence d'une économie locale ou dans une situation économique contraire (Grèce, Espagne, Suisse)[28] qui incite à l'utilisation de solutions alternatives. Dans tous les cas, afin de garantir la pérennité de la monnaie, il faut qu'elle atteigne rapidement une masse critique suffisante. Il conclut en disant « *Il est des obstacles institutionnels que seules les institutions pourront lever. En l'occurrence, le seuil institutionnel décisif qu'il conviendrait de franchir réside au niveau des collectivités territoriales et de leur*

---

[27] Wojtek Kalinowski, « L'impact socio-économique des monnaies locales et complémentaires », Institut Veblen pour les réformes économiques, www.veblen-institute.org, 14p.

[28] Une étude a démontré que les échanges en WIR, en Suisse, augmentent lorsque l'économie entre en récession. Apparemment, les entreprises qui sont membres du cercle WIR acceptent plus volontiers de travailler sur cette base d'échange lorsque la crise est là alors qu'elles préfèrent le franc suisse en temps normal. L'utilisation du WIR aurait donc un effet anticyclique sur l'économie suisse.

capacité de mettre en circulation une monnaie locale gagée sur leurs recettes fiscales futures, en actionnant deux leviers à la fois : d'une part, en injectant la monnaie complémentaire par la voie des paiements d'une fraction des salaires des fonctionnaires, des allocations et des commandes publiques en monnaies locales ; d'autre part, en assurant la demande en monnaie en offrant aux habitants et aux entreprises la possibilité de s'acquitter d'une partie de l'impôt local en monnaie locale ».[29]

[29] Wojtek Kalinowski, « L'impact socio-économique des monnaies locales et complémentaires », p.14.

5. La pluralité monétaire

Lorsqu'on examine les propositions monétaires, on se rend compte que toutes les solutions ne s'excluent pas mutuellement et qu'elles apparaissent même parfois comme complémentaires les unes par rapport aux autres. La monnaie privée n'exclut pas la coexistence avec une monnaie publique. Une même monnaie pourrait être émise, en partie par le secteur privé et, en partie, par le secteur public. A ce stade de notre analyse, on peut même dire que c'est bien la monoculture monétaire commerciale privée condamnée à la croissance économique ininterrompue qui représente un danger pour nos conditions de vie et pour notre environnement. La pluralité monétaire, avec au moins une monnaie publique, apparaît par contre comme une piste de solution prometteuse pour le financement d'une économie durable, des services publics et des services sociaux de qualité ainsi que pour permettre le financement de l'amélioration de l'environnement et de la transition énergétique.

Déjà en 1944, l'économiste J.M. Keynes était arrivé à la conclusion que la pluralité monétaire s'imposait. Il avait proposé la création d'une monnaie de réserve internationale, le Bancor, en complément des monnaies nationales. Dans sa proposition, toutes les devises devaient pouvoir être échangées sur base d'un cours fixe, révisable annuellement, en Bancors. Son objectif était de favoriser le rééquilibrage des balances des paiements entre les différents Etats[30].

Plus récemment, en 1999, Richard Douthwaite, dans son livre « The Ecology of money » propose lui une pluralité monétaire basée une monnaie de réserve internationale, des monnaies nationales, régionales et locales. Pour lui, la monnaie de réserve internationale doit être adossée à la ressource la plus rare sur la planète, à savoir l'énergie et plus particulièrement sur des droits d'émission de CO_2. Ces droits d'émission, initialement répartis entre les Etats sur base de leur population respective, peuvent servir de monnaie d'échange puisque certains voudront émettre plus de CO2 que leur quota alloué alors que d'autres en émettront moins. Il devient alors possible de s'échanger des quotas de CO_2 et d'ainsi financer le développement économique de certains pays tout en limitant la consommation énergétique excessive d'autres. A côté de la monnaie internationale, il propose que les Etats, régions et collectivités locales mettent sur pieds des monnaies propres, libres d'intérêt favorisant le développement des services collectifs et la restauration de l'environnement.

[30] On notera la proximité de vue de cette proposition par rapport à celle de F. Lordon sur les dénominations nationales de l'euro liées entre elles par un taux de change fixe révisable en fonction de l'état de la balance des paiements entre les membres de l'union monétaire.

6. Vers la démocratie monétaire

A présent, concluons. La monnaie est un enjeu politique fondamental. Elle structure notre société, elle en régit le fonctionnement et les rapports de domination. On n'en a pas parlé dans ce livre mais elle est un enjeu de puissance politique mondiale ($ US) ou un enjeu de politique continentale (euro). On l'a vu avec le développement de la « monnaie-crédit », la maîtrise des techniques financières est une étape majeure du développement économique. La création de l'empire britannique a démarré avec la fondation de la Banque d'Angleterre et le développement des techniques de crédit a fortement contribué à la révolution industrielle et au développement du capitalisme.

Nous vivons dans une ère monétaire dominée par l'émission monétaire bancaire adossée à des dettes, l'ère de la « monnaie-crédit ». Le droit d'émission monétaire appartient presque exclusivement aux banques commerciales, elles créent et détruisent la monnaie à la vitesse de l'octroi et du remboursement des crédits. Le crédit et les intérêts sont le dopage de la société sommée de maintenir à tout prix la croissance économique sous peine d'arrêt brutal. Ils nous emmènent dans une succession de périodes d'euphorie et de débâcle financières et économiques. Ils mènent à l'épuisement des travailleurs dans l'éternelle course à la productivité et à l'épuisement des ressources naturelles toujours plus exploitées par une humanité sans cesse plus nombreuse.

Aujourd'hui, la monnaie, c'est du crédit, c'est de la dette. Les Etats et les entreprises sont couverts de dettes, 10 % du PIB ne sert qu'à payer des intérêts aux détenteurs de la dette qui accumulent le capital d'année en année en creusant de plus en plus le fossé entre endettés et détenteurs du capital. Les inégalités de patrimoine et de revenus n'ont jamais été aussi élevées. Cette dette est pourtant le ciment de notre économie. Elle ne pourra jamais être remboursée et, dans le régime monétaire actuel, ce serait catastrophique, cela ralentirait l'activité économique. Avec toutes les conséquences sociales que cela entraînerait.

L'Etat est exsangue et les intérêts prélevés sur les ressources publiques sont illégitimes et immoraux. Ils captent des moyens qui pourraient être affectés au financement d'activités publiques, non marchandes, sociales, culturelles ou environnementales indispensables au bien-être des hommes. La « monnaie-crédit » a été conçue dans une optique mercantile et non dans l'optique du bien commun. Il est, sans doute, temps de modifier cette conception.

La monnaie doit être un contrat social, un bien commun mis au service de tous. Confier l'émission de la monnaie à des banques privées, qui la détournent à leur seul profit, est une aberration. Nous devons réfléchir à l'opportunité de rendre, totalement ou partiellement, le pouvoir d'émission de la monnaie aux autorités publiques et à la population. Nous avons vu qu'il existe de multiples propositions dont les niveaux d'ambition sont très différents ; haut, comme la renationalisation de l'euro, la monnaie permanente, la proposition chartaliste ; plus réaliste comme l'émission de monnaies complémentaires de différentes natures et différentes formes de crédit mutuel ; locale, comme les monnaies locales et citoyennes (SEL, banque de temps) et sectorielles (WIR) visant à favoriser les échanges locaux ou les échanges entre membres d'un cercle monétaire.

La majorité de ces propositions se rejoignent sur un point, elles visent à mettre en circulation des monnaies qui servent exclusivement de moyen d'échange et rejettent la logique de l'intérêt. Elles sont exemptes des défauts associés à la monnaie privée. Ces « monnaies sans intérêt » permettent d'alléger ou de supprimer totalement le fardeau de la dette qui pèse sur les Etats et les collectivités et permettent de financer les politiques sociales, de l'emploi et de protection de l'environnement tellement indispensables. Par ailleurs, ces propositions n'empêchent pas le fonctionnement normal du secteur financier qui peut toujours financer les projets poursuivant une finalité commerciale.

Toutes ces solutions ne poursuivent pas les mêmes buts. Certaines visent à changer totalement le paradigme monétaire, à remplacer le système monétaire actuel par un nouveau système. Belle ambition mais rude tâche face aux puissances financières. D'autres visent à développer un système monétaire complémentaire à côté du système actuel. Ambition moindre mais plus réaliste ? D'autres encore se contenteraient, dans un premier temps, au moins, d'ajustements à la marge comme le financement de la dette publique par la Banque centrale. Mais toutes, ou presque, se fixent comme objectif de séparer la fonction de crédit de la fonction de paiement.

Ce foisonnement de propositions nous invite à penser la résilience et la stabilité monétaire comme un système écologique dans lequel la pluralité monétaire exprime la poursuite d'objectifs différents et complémentaires par des émetteurs différents. Ainsi, on pourrait concevoir une articulation entre une monnaie de réserve internationale, des monnaies nationales, des monnaies régionales et locales au sein desquelles, il y aurait des monnaies servant exclusivement aux échanges, non porteuses d'intérêts donc, et d'autres servant de réserve de valeur, porteuses d'intérêt. De même, le rôle, les objectifs et l'indépendance des Banques centrales sont fortement remis en question.

Au terme de cette analyse, parce que les caractéristiques de la monnaie déterminent les caractéristiques de la société dans laquelle on vit, on se rend compte que l'indispensable transition écologique de notre société ne pourra se faire qu'avec une tout aussi indispensable transition monétaire. Essayer de concevoir l'une sans entreprendre l'autre, c'est échouer d'avance.

Et maintenant ? Maintenant, lecteur si tu es convaincu par l'argumentation que tu viens de lire, il te faut reprendre le flambeau et porter la lumière. Aie des débats sur ces thèmes, dans les discussions de famille, entre amis, au travail, dans les organisations que tu fréquentes. Interroge les syndicats, les partis politiques auxquels tu adhères ou dont tu te sens proche. Interpelle tes autorités locales et régionales sur la thématique monétaire. La démocratie monétaire ne se gagnera qu'à la condition que la culture monétaire se développe.

Bibliographie

- Philip Arestis and Malcolm Sawyer, «*A handbook of alternative Monetary Economics*», Edward Elgar Publishing Limited, 2006, 524p.
- Christian Arnsperger, « *Monnaie, dette et croissance sans prospérité : portée et limites du « tournant » Jacksonnien* » in « Autour de Tim Jackson, inventer la prospérité sans croissance ? », Etopia Revue d'écologie politique N°8, Les éditions namuroises, décembre 2010, pp. 109-116.
- Jean Cartelier, « *La monnaie* », Flammarion, collection Dominos, 1995 ,122p.
- Christian Chavagneux et Thierry Philipponnat, « *La capture, où l'on verra comment les intérêts financiers ont pris le pas sur l'intérêt général et comment mettre fin à cette situation* », Editions La découverte, Paris, 2014, 131 p.
- Philippe Derudder et André-Jacques Holbecq, « U*ne monnaie nationale complémentaire* » pour relever les défis humains et écologiques, Editions Yves Michel, collection économie, 2010, 169p.
- Richard Douthwaite, « *The ecology of Money* », Green Book, The Schumacher Society, 1999, 78p.
- Irving Fischer, « *100 % monnaie, changer de système monétaire pour sauver le capitalisme* », Omnia veritas, 1935 pour la version originale.
- Les économistes atterrés, « *Changer l'€urope* », Les liens qui libèrent, collection Babel essai, 2013, 359p.
- Gabriel Galand et Alain Grandjean, « *La monnaie dévoilée* », L'Harmattan, Logiques économiques, 1996, 310p.

- David Graeber, « *Dette 5000 ans d'histoire* », Editions Les liens qui libèrent, 2013 pour la version française, 622 p.
- Thomas H. Greco, Jr., « *The end of money and the future of civilization* », Floris Books, 2010, 295p.
- André Grjebine, *« La dette publique et comment s'en débarrasser* », Presses Universitaire de France, Paris, 2015, 148 p.
- Edouard Husson et Norman Palma, « *Le capitalisme malade de sa monnaie* », Considérations sur l'origine véritable des crises économiques, Office d'Edition Impression Librairie, F.-X. de Guibert, 2009, 285p.
- Wojtek Kalinowski, « *L'impact socio-économique des monnaies locales et complémentaires* », Institut Veblen pour les réformes économiques, www.veblen-institute.org, novembre 2014, 14p.
- Wojtek Kalinowski, « *Le défi du changement d'échelle* », Actes des Rencontres monétaires de Villarceaux 2014 tenues les 28-29 juin 2014, Institut Veblen pour les réformes économiques, www.veblen-institute.org, novembre 2014, 20p.
- Margrit Kennedy, « *Le poison des intérêts* : sortons d'une imposture ruineuse », éditions Yves Michel, Gap, 2013, 101 p.
- Maurizio Lazzarato, « la fabrique de l'homme endetté », Editions Amsterdam, Paris, 2011, 124p.
- Bernard Lietaer et Margrit Kennedy, « *Monnaies régionales De nouvelles voies vers une prospérité durable* », Editions Charles Léopold Mayer, 2008, 242p.
- Frédéric Lordon, « *La malfaçon, Monnaie européenne et souveraineté démocratique* », Editions Les liens qui libèrent, mars 2014, 287p.

- Frederic Mishkin, « *Monnaie, banque et marchés financiers* », 9e édition, Pearson Education, 2010, 924p.
- François Morin, « *L'hydre mondiale L'oligopole bancaire* », Lux Editeur, Montréal, 2015, 164 p.
- Charles Rist, « Histoire des doctrines relatives au crédit et à la monnaie depuis John Law jusqu'à nos jours », Ed.originale 1951, Editions Dalloz, 2002, 540p.
- Hongbing Song, « *La guerre des monnaies : La Chine et le nouvel ordre mondial* », Editions (le retour aux sources), 2013, 446 p.
- Joseph E. Stiglitz, « *Le prix de l'inégalité* », Babel, janvier 2014, 502 p.
- P.R. Tcherneva, « *Chartalism and the tax-driven approach to money* », in A handbook of alternative monetary economics,pp. 69-86.
- Christian Tutin, "Les Grands Textes de la pensée monétaire", Flammarion, Champs classiques, 2014, 554p.
- Yanis Varoufakis, James K. Galbraith et Stuart Holland, "*Modeste proposition pour résoudre la crise de la zone euro*", Institut Veblen pour les réformes économiques, collection les petits matins, Paris, 2014, 74p.
- L. Randall Wray, « *Introduction to an Alternative History of Money* », Working Paper N°717, Levy Economics Institute of Bard College, www.levyinstitute.org/pubs/wp_717.pdf, May 2012, 48p.

Table des matières

Gestions et Management
aux éditions L'Harmattan

Dernières parutions

SANTÉ AU TRAVAIL ET RISQUES PSYCHOSOCIAUX
Tous préventeurs ?
Sous la direction de Christine Lagabrielle et Sonia Laberon
La question de la prévention des risques psychosociaux (RPS) est devenue un enjeu capital tant pour les travailleurs que pour les employeurs. Les acteurs internes ou externes de la prévention se sont multipliés, les approches se sont diversifiées et les actions de terrain abondent. Cet ouvrage propose des ressources théoriques et appliquées de champs disciplinaires multiples afin d'éclairer le lecteur sur leur complémentarité et d'élargir le champ de prévention des RPS et des rôles que peuvent assumer les préventeurs.
(30.00 euros, 294 p.)
ISBN : 978-2-343-04816-1, ISBN EBOOK : 978-2-336-36519-0

HUMANISER LA FORMATION DES DIRIGEANTS
Vers un *leadership* démocratique
Cristol Denis
Cet ouvrage s'intéresse au développement des dirigeants. Il analyse leur continuum éducatif, de la scolarisation jusqu'aux apprentissages expérientiels. Il évoque la situation française, son trop-plein d'enseignement du management et son déficit d'éducation au *leadership*. Dans une société qui se numérise, il tisse des liens entre le monde du management et celui de l'apprenance. La conclusion ouvre des perspectives pédagogiques pour un développement humain des dirigeants.
(Coll. Vivre l'entreprise, série Management et Ressources Humaines, 26.00 euros, 262 p.)
ISBN : 978-2-343-05149-9, ISBN EBOOK : 978-2-336-36741-5

10 ANS D'ÉGALITÉ PROFESSIONNELLE EN PRATIQUE
Libérer les énergies créatrices des entreprises avec le Label égalité
Le Club du Label égalité d'Arborus ; préface de Pascale Boistard, secrétaire d'État chargée des droits des femmes
Le Label égalité, créé en 2004, fête ses dix ans ! A l'occasion de cet anniversaire, les entreprises ou organismes publics membres du Club du Label égalité ont souhaité apporter leurs témoignages. Ils apportent leur éclairage sur l'impact des processus mis en œuvre. Le Label égalité est ainsi un outil concret de changement culturel vers plus d'égalité.
(10.00 euros, 62 p.)
ISBN : 978-2-343-04697-6, ISBN EBOOK : 978-2-336-36501-5

ÉCONOMIE ET MANAGEMENT DE L'ENTREPRISE INNOVANTE
Réseaux, Territoire et Développement Durable
Bouvier-Patron Paul
La visée managériale de ce livre est de faire comprendre l'enjeu, mais aussi la crédibilité, d'articuler Entreprise, Innovation, Territoire et Développement Durable dans leur dynamique évolutive en donnant une vision complète de la thématique proposée. La vision théorique est nécessaire pour étudier les mécanismes causaux des firmes et de leurs évolutions. Des cas concrets d'entreprises viennent illustrer le propos concernant le Développement Durable.
(Coll. L'esprit économique, série Cours Principaux, 37.00 euros, 360 p.)
ISBN : 978-2-343-05037-9, ISBN EBOOK : 978-2-336-36643-2

ERREUR HUMAINE (L')
Modèles et représentations
Sous la direction de Gilles Teneau ; coordonné par Nicolas Dufour et Max-Pierre Moulin ; préface de Patrick Lagadec
L'erreur de représentation, dans les entreprises et les organisations, est un phénomène structurel difficile à appréhender. La complexité croissante des activités économiques et socio-organisationnelles, l'essor des délocalisations, de la dématérialisation ou encore la recherche de transversalité accrue en présence d'acteurs multiples sont autant de phénomènes pouvant faciliter la survenue d'erreurs humaines. Ces contributions démontrent l'importance et la récurrence des enjeux de gestion qui y sont associés.
(Coll. Perspectives organisationnelles, 36.00 euros, 360 p.)
ISBN : 978-2-343-04713-3, ISBN EBOOK : 978-2-336-36534-3

COMMUNICATION ORGANISATIONNELLE, MANAGEMENT ET NUMÉRIQUE
Sous la direction de Sylvie P. Alemanno
Le phénomène numérique toujours renouvelé ne se laisse pas saisir facilement. Ces contributions mettent en évidence les transformations organisationnelles et les nouveaux modèles managériaux. Ces transformations sont surdéterminées par les critères néo-libéraux de performativité et les manières dont les technologies numériques sont mises au service du capitalisme mondial.
(Coll. Communication et Civilisation, 45.00 euros, 452 p.)
ISBN : 978-2-343-05210-6, ISBN EBOOK : 978-2-336-36627-2

PSYCHOLOGIE DU TRAVAIL ET DÉVELOPPEMENT DES PAYS DU SUD
Sous la direction de Robert Ngueutsa, René Mokounkolo, Narcisse Achi et Abdelkarim Belhaj
La gestion efficiente des ressources humaines est une condition essentielle du développement socioculturel et économique des pays du Sud. Ces contributions en analysent les pratiques et les conséquences, et en dégagent les enjeux scientifiques, managériaux et sociétaux. Elles s'intéressent à la professionnalisation et l'employabilité, notamment des jeunes, dans le salariat vs l'entrepreneuriat, au leadership, au management et à l'évaluation des RH, et à la qualité de vie au travail et hors travail.
(Coll. Psychologie du travail, 26.00 euros, 264 p.)
ISBN : 978-2-343-04943-4, ISBN EBOOK : 978-2-336-36716-3

GOLD MINE (LE)
Un récit *lean*
Ballé Freddy, Ballé Michael
À la fois manuel et roman, ce livre met en lumière un principe essentiel du *lean* : les personnes avant tout. Il montre au lecteur comment passer d'un problème de gestion à sa résolution par l'adoption de nouveaux outils de management sur le terrain et l'implication de tous. Le récit suit les personnages dans leur apprentissage et transformation personnelle qui permettent un retour à la rentabilité et à la croissance de leur entreprise.
(Coll. Management Lean, 30.00 euros, 388 p.)
ISBN : 978-2-343-04692-1, ISBN EBOOK : 978-2-336-36554-1

MISE (LA) EN SCÈNE DES PRODUITS ET DES MARQUES
Représentations, significations, publics
Sous la direction de Violaine Appel, Lylette Lacôte-Gabrysiak et Delphine Le Nozach
Au cœur de plusieurs champs disciplinaires, du débat médiatique actuel et des pratiques professionnelles contemporaines, cet ouvrage interroge la mise en scène des produits et des marques dans les médias, les industries culturelles et les arts. Il dépeint l'évolution de la marque vers le *branding*, se centre sur le rôle endossé par la marque dans la société d'aujourd'hui et conduit à penser les nouveaux dispositifs d'insertion publicitaire.
(22.50 euros, 226 p.)
ISBN : 978-2-343-04516-0, ISBN EBOOK : 978-2-336-36538-1

COMPRENDRE LE «JARGON» DES MÉTHODES QUALITÉ
Guide à l'intention de ceux qui n'y comprennent rien... et qui n'osent pas l'avouer...
Dème Ibrahima
Ce livre se veut un outil de vulgarisation des démarches qualité permettant de se mettre à niveau et de parler le même langage que les consultants et autres experts. Après un historique sur les approches qualité et sur leur évolution, le livre aborde successivement le vocabulaire assez ésotérique qui est décodé, les enjeux liés à la qualité, les normes et leur évolution, avant de terminer par des recommandations en matière de choix.
(11.50 euros, 78 p.)
ISBN : 978-2-296-99899-5, ISBN EBOOK : 978-2-336-36535-0

RECHERCHE (LA) FRANÇAISE EN INTELLIGENCE ÉCONOMIQUE
Bilan et perspectives
Marcon Christian
Cet ouvrage présente un bilan des recherches menées sur l'intelligence économique dans le domaine de l'information-communication, brosse le portrait de l'intelligence économique en tant qu'objet scientifique et ouvre de nouvelles perspectives de recherche sur l'intelligence économique, en particulier sous l'angle communicationnel.
(Coll. Intelligence économique, 27.00 euros, 260 p.)
ISBN : 978-2-343-03301-3, ISBN EBOOK : 978-2-336-35581-8

CODE DE GOUVERNANCE DES ENTREPRISES MOYENNES FRANÇAISES
Recommandations pour une meilleure gouvernance des entreprises moyennes, PME et PMI
Collectif de l'ADAE, sous la direction de Daniel Corfmat et Marc Chambault
Voici un recueil de principes et de références pratiques et fondamentales pour faire évoluer le modèle de gouvernance d'une entreprise et sa gestion. Les 47 recommandations de ce code, essentielles et centrales pour nos entreprises, permettront aux dirigeants et aux administrateurs d'assumer pleinement leur fonction et leur mandat dans les meilleures conditions de succès. Il est question ici d'améliorer la compétitivité, le développement et la pérennité de l'entreprise.
(Coll. Gouvernance et entreprise, 11.50 euros, 80 p.)
ISBN : 978-2-343-03709-7, ISBN EBOOK : 978-2-336-35366-1

GOUVERNANCE ET INVESTISSEUR EN CAPITAL
Recommandations pour une meilleure gouvernance en entreprise moyenne, *start-up*, PME, et ETI
Sous la direction de Daniel Corfmat, Marc Chambault et Georges Nurdin
Le Capital investissement est aujourd'hui un des moyens que le chef d'entreprise peut envisager pour démarrer son activité ou accélérer son développement. Ce type d'opération doit être préparé avec soin. La gouvernance devient alors centrale dans le processus. Ce fascicule fait la synthèse des réflexions menées au sein de l'ADAE (Association de Dirigeants et Administrateurs d'Entreprise) pour permettre à chacun d'adapter les concepts et les bonnes pratiques au cadre précis de son entreprise.
(Coll. Gouvernance et entreprise, 10.00 euros, 60 p.)
ISBN : 978-2-343-03347-1, ISBN EBOOK : 978-2-336-35578-8

FONDEMENTS ET MÉTHODES EN GESTION APPLIQUÉE
Amedzro St-Hilaire Walter
Voici une initiation à la méthodologie, c'est-à-dire aux choix et aux procédures qu'implique la recherche scientifique en gestion appliquée. L'ouvrage a pour objectif de développer une compréhension élargie, tant sur le plan conceptuel que pratique, des perspectives associées à la recherche qualitative et quantitative ainsi que des méthodes, outils et habiletés requises.
(Coll. Pour Comprendre, 27.00 euros, 248 p.)
ISBN : 978-2-343-03961-9, ISBN EBOOK : 978-2-336-35453-8

AUDIT ET ÉVALUATION DES ENTREPRISES D'ASSURANCE
Foidien Kentsa Godefroy - Préface de Pierre Laversanne
Le présent ouvrage a pour objet de présenter les mécanismes de l'audit opérationnel des entreprises d'assurance quel que soit le commanditaire, ainsi que les méthodes d'évaluation de celles-ci. Ce livre s'adresse aux professionnels (auditeurs en cabinet, commissaires contrôleurs, cadres dirigeants), étudiants de grandes écoles d'actuariat, de gestion, ou d'ingénieur (option gestion/finance) et des universités (filière gestion).
(Harmattan Cameroun, Coll. Harmattan Cameroun, 21.50 euros, 204 p.)
ISBN : 978-2-343-03889-6, ISBN EBOOK : 978-2-336-35560-3

L'HARMATTAN ITALIA
Via Degli Artisti 15; 10124 Torino
harmattan.italia@gmail.com

L'HARMATTAN HONGRIE
Könyvesbolt ; Kossuth L. u. 14-16
1053 Budapest

L'HARMATTAN KINSHASA
185, avenue Nyangwe
Commune de Lingwala
Kinshasa, R.D. Congo
(00243) 998697603 ou (00243) 999229662

L'HARMATTAN CONGO
67, av. E. P. Lumumba
Bât. – Congo Pharmacie (Bib. Nat.)
BP2874 Brazzaville
harmattan.congo@yahoo.fr

L'HARMATTAN GUINÉE
Almamya Rue KA 028, en face
du restaurant Le Cèdre
OKB agency BP 3470 Conakry
(00224) 657 20 85 08 / 664 28 91 96
harmattanguinee@yahoo.fr

L'HARMATTAN MALI
Rue 73, Porte 536, Niamakoro,
Cité Unicef, Bamako
Tél. 00 (223) 20205724 / +(223) 76378082
poudiougopaul@yahoo.fr
pp.harmattan@gmail.com

L'HARMATTAN CAMEROUN
BP 11486
Face à la SNI, immeuble Don Bosco
Yaoundé
(00237) 99 76 61 66
harmattancam@yahoo.fr

L'HARMATTAN CÔTE D'IVOIRE
Résidence Karl / cité des arts
Abidjan-Cocody 03 BP 1588 Abidjan 03
(00225) 05 77 87 31
etien_nda@yahoo.fr

L'HARMATTAN BURKINA
Penou Achille Some
Ouagadougou
(+226) 70 26 88 27

L'HARMATTAN SÉNÉGAL
10 VDN en face Mermoz, après le pont de Fann
BP 45034 Dakar Fann
33 825 98 58 / 33 860 9858
senharmattan@gmail.com / senlibraire@gmail.com
www.harmattansenegal.com

L'HARMATTAN BÉNIN
ISOR-BENIN
01 BP 359 COTONOU-RP
Quartier Gbèdjromèdé,
Rue Agbélenco, Lot 1247 I
Tél : 00 229 21 32 53 79
christian_dablaka123@yahoo.fr

Achevé d'imprimer par Corlet Numérique - 14110 Condé-sur-Noireau
N° d'Imprimeur : 130160 - Dépôt légal : juin 2016 - *Imprimé en France*

www.ingramcontent.com/pod-product-compliance
Lightning Source LLC
LaVergne TN
LVHW010938061026
849535LV00007B/2453